西部文化
旅游丛书 LUYOU CONGSHU
XIBU WENHUA

西部文化
旅游丛书 LÜYOU CONGSHU
XIBU WENHUA

海外的敦煌

HAIWAI DE DUNHUANG

沉寂千年的宝藏探寻

嘻夫子漫画工作室◎著

敦煌文艺出版社

图书在版编目（C I P）数据

海外的敦煌 / 嘻夫子漫画工作室著. -- 兰州 : 敦煌文艺出版社, 2019.10
ISBN 978-7-5468-1824-5

Ⅰ. ①海… Ⅱ. ①嘻… Ⅲ. ①敦煌学－通俗读物 Ⅳ. ① K870.6-49

中国版本图书馆 CIP 数据核字（2019）第 217999 号

西部文化旅游丛书

海外的敦煌

嘻夫子漫画工作室 著

项目策划：杨继军
项目负责：田 园 马吉庆
项目统筹：马吉庆 徐 淳
责任编辑：赵润瑜
装帧设计：吉 庆

敦煌文艺出版社出版、发行
地址：（730030）兰州市城关区读者大道 568 号
邮箱：dunhuangwenyi1958@163.com
博客（新浪）：http://blog.sina.com.cn/lujiangsenlin
微博（新浪）：http://weibo.com/1614982974
0931-8773148（编辑部） 0931-8773112（发行部）

兰州银声印务有限公司印刷
开本 787 毫米 ×1092 毫米 1/16 印张 12.5 字数 189 千
2020 年 1 月第 1 版 2020 年 1 月第 1 次印刷
印数：1 ~ 2 500

ISBN 978-7-5468-1824-5
定价：68.00 元

目 录 | CONTENTS

第一章　生不逢时：宝藏流失史 / 001

第二章　漂洋过海：文物客居处 / 025

第三章　纸承千载：海外敦煌文本（上） / 049

第四章　纸承千载：海外敦煌文本（中） / 073

第五章　纸承千载：海外敦煌文本（下） / 097

第六章　墨绘万象：海外敦煌绘画 / 121

第七章　巧夺天工：海外敦煌手工艺品 / 145

第八章　荣光再现：敦煌文物的整理、保护与发展前景 / 171

余　论　物华天宝：敦煌文物的价值 / 189

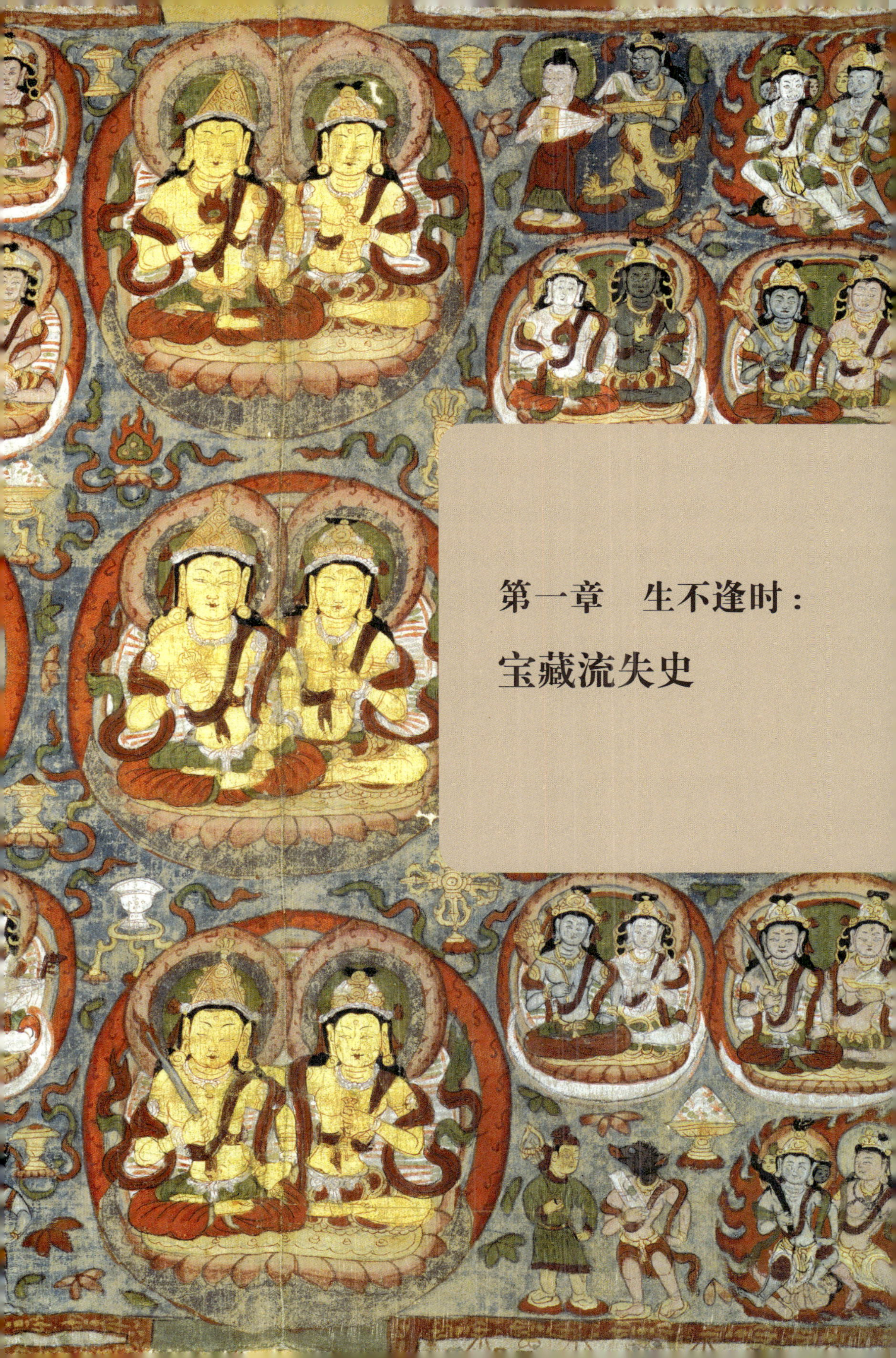

第一章　生不逢时：

宝藏流失史

敦煌藏经洞，是震惊世人的一次重大发现，却也是一场中华民族不忍回想的浩劫，是一段伤痕累累的记忆。学界有这样一句话：“敦煌在中国，敦煌学在世界。”敦煌沉淀千年留下来的珍宝、经卷典籍中蕴含着古老的智慧哲思，雕塑壁画中描绘着华美的盛世气象，却因为百年前的一场意外而远离故土，成为他国博物馆中的珍藏，中国仅剩部分“劫余”。敦煌曾经以其多元的文化、繁荣的经济，成为西域的一颗璀璨明珠；沉寂千年后它再次出现在了世人的视野中，在喧嚣的风沙中静默，无声地控诉着，等待历史的审判，等待后人还给它应有的尊严。

“白雁西风紫塞，皂雕落日黄沙。”提到敦煌，世人总会联想到大漠孤烟与长河落日，联想到驼铃阵阵与羌笛悠悠。莫高窟中，佛陀拈花而笑；玉门关外，一骑踏绝红尘。然而就是这样的敦煌，茫茫戈壁中的绿洲、西域边陲的重镇，繁华过后归于沉寂，再次出现在世人面前时已是满身伤痕。敦煌因何而盛？又因何而衰？不朽的传奇是它，沧桑的历史也是它。斗转星移、世事起落的背后，是华夏民族的荣耀与血泪，是不应被遗忘的历史。

一、“大也，盛也！”

“敦者，大也。煌者，盛也。”敦煌，隶属甘肃省酒泉市，位于我国西北地区河西走廊的西部，南枕祁连，北襟西域。在茫茫朔漠中，它守玉门、阳关，是丝绸之路上的重要枢纽。得天独厚的地理位置，使它尽管没有巍峨耸峙的山脉、没有奔腾汹涌的江河，依旧成为了历史上有名的繁华之地。如果说蜿蜒的丝绸商路像铺展在西域的长练，那么敦煌就是其上最为耀眼的一颗明珠。它不仅仅是一座城市，而更像是一个标签，是西部边陲千年来经济文化交流、民族宗教融合的印记。

（一）敦煌——丝路的明珠

从最早出现在西汉司马迁所著的《史记》当中，到如今成为西北炙手可热的旅游名城，敦煌追溯到的历史足有两千多年。至于“敦煌”这一地名究竟缘何而来、有何含义，古今中外的学者们众说纷纭。在古代，人们根据敦煌的字面意义，把它解释为“繁盛”。东汉时期，《汉书》中有着对“敦煌”的注音和释义：“敦，大也；煌，盛也。”也就是说，“敦煌”是宏大、昌盛的意思。唐代人也认可这一说法，曾提到“敦，大也，以其开西域，故以盛名”。这句话一方面是对汉代“大也”“盛也”解释的继承；另一方面，也指出了敦煌在地理位置上沟通中原和西域的重要作用。从这些对于“敦煌”二字的解释中，我们不难想象当年敦煌城的面貌：“绮檐安兽瓦，粉壁架鸿梁”，“美人当窗舞，妖姬掩扇歌”，“车马相交错，歌吹日纵横”，好一派歌舞升平、车马喧嚣的盛世景象！在现代，大部分学者则认为“敦煌”是一种民族或一种语言的音译。至于究竟是何民族、是何语言，学界还存在着争议。有学者认为是曾经在这里生活过的月氏族，也有人把《山海经》里称吐火罗族为“敦薨”作为证据，提出敦煌是吐火罗族的另一种音译。此外，还有认为敦煌的词源是“桃花石”“诵经处”等的一些观点。总之，尽管在不同的历史时期、不同的研究领域，人们对“敦煌”的名称有着不同的解释；但殊途同归，总体上，“敦煌”二字表现着宏大开阔的视野、包容和谐的心态。这份名称中的气度，也影响了敦煌的文化发展。

“丝绸之路三千里，华夏文明八千年。”作为丝绸之路上的一个重要枢纽，敦煌不仅是自古以来的兵家必争之地，更是中原与西域各民族交流的门户。在这里，中国、印度、希腊和伊斯兰文化相互交流融合，碰撞出灿烂的火花。不同的民族、不同的宗教、不同的艺术，它们来自不同的地域、不同的文明，却在此集聚一堂、熠熠生辉，共同谱写着敦煌纷繁多姿的文化乐章。“客从远方来，相随歌且笑。自有敦煌乐，不减安陵调。”八方来客，敦煌张开了它包容的怀抱，以海纳百川的胸怀孕育着多元兼收的文明。也只有这样的城市，才能建出莫高窟这样一座举世无双的艺术宝库，才能留下如此多动人心魄的传奇故事。

（二）莫高窟——东方的卢浮宫

行走在敦煌，似乎这里的每一寸土壤都经历过历史的洗礼，每一处遗迹都讲述着古老的故事。悠久的文明史赋予敦煌独特的魅力，像时光赠予少女的阅历，不减妩媚，却更添风韵。若要在敦煌寻出一处遗迹来代表这座古城，那么莫高窟当仁不让。甚至可以说，言及敦煌，莫高窟是一个无法绕过的话题。它与鸣沙山月牙泉并称为“塞北风光二绝”，若要在风光之外言及文化，则莫高窟又更胜一筹。如果说鸣沙山和月牙泉是自然的奇妙馈赠，那么莫高窟则是匠人技艺的完美呈现。这里的一切，记录着中国历史上雕绘艺术风格的演变，也留下了文化审美变迁的种种痕迹。

有“千佛之国”美誉的莫高窟，是一座以佛教文化为主线，汇聚建筑艺术、

莫高窟

彩塑艺术和壁画艺术为一体的文化殿堂，以其繁、精、细、珍而闻名于世，被盛赞为“墙壁上的图书馆”“东方的卢浮宫”，并与山西大同云冈石窟、河南洛阳龙门石窟、甘肃天水麦积山石窟并称为中国四大石窟。

莫高窟位于敦煌城东南25公里的鸣沙山断崖上，面朝三危山。这里远离尘俗，不闻喧嚣，波映重阁，风鸣树道，山水掩映之间更见清幽。莫高窟现有洞窟735个，壁画4.5万平方米，泥质彩塑2000余尊，是世界上现存规模最大、内容最丰富的佛教艺术圣地，历经千年的风雨，依旧精美不减当年。1600多年前的十六国时期，乐僔禅师修行途径鸣沙、三危二山，在这里观佛光而悟佛法，于鸣沙山壁凿出了莫高窟的第一个洞窟。后经北朝、隋、唐、五代、西夏、元等历朝历代的僧侣、仕宦、官民、工匠、画师，年复一年薪火相传、翻修扩建，莫高窟越来越蔚为壮观，造就了闻名遐迩的千佛奇景，为中华乃至世界留下了一座巨大的艺术宝库。其石窟、雕像集造化之功，其彩塑、壁画汇匠心之笔，“天衣飞扬，满壁风动”。宝相庄严的佛陀，慈悲温和的菩萨，智慧机敏的弟子，还有威武的天王、勇猛的力士、飘逸的飞天……共同构成了莫高窟中宁静和乐的佛国净土。来到这里的人们无不被它所震撼和征服，惊叹：“看了敦煌莫高窟，就等于看到了全世界的古代文明”，“莫高窟是世界上最长、规模最大、内容最

莫高窟彩塑

丰富的画廊”,“它是世界现存佛教艺术最伟大的宝库”。它就像一册厚重的画本，每一页描绘的都是绚烂的纹饰、生动的场景、传奇的人物、动人的传说，令人心神激荡，令人心驰神往。丝路重镇的辉煌、商旅贸易的繁荣、胡汉民风的淳朴……这些珍贵的史料一一留存在其中，向我们展示着千年前敦煌古城的迷人风貌。

从艺术角度来说，莫高窟的艺术特点主要表现在建筑、塑像和壁画三者的有机结合上。窟形建制分为禅窟、殿堂窟、塔庙窟、穹隆顶窟、影窟等多种形制;彩塑分圆塑、浮塑、影塑、善业塑等;壁画类别分佛像画、经变画、故事画、佛教史迹画、建筑画、山水画、供养画、动物画、装饰画等不同内容，系统反映了东晋、北魏、西魏、北周、隋、唐、五代、宋、西夏、元等十多个朝代及东西方文化交流的各个方面。敦煌石窟营建的一千年历程，时值中国历史上两汉以后长期分裂割据，走向民族融合、南北统一，臻于大唐之鼎盛，又由巅峰而式微的重要发展时期。在此期间，正是中国艺术的程序、流派、门类、理论的形成与发展时期，也是佛教与佛教艺术传入后，建立和发展了中国的佛教理论与佛教宗派，佛教美术艺术成为中国美术艺术的重要门类，最终完成了中国化的时期。

从绘画角度来看，莫高窟壁画中的人物画、山水画、动物画、装饰图案画都有历史悠久，自成体系、数量众多的特点，都可成为独立的人物画史、山水画史、动物画史、装饰图案画史。特别是保存了中国宋代以前即 10 世纪以前如此丰富的人物画、山水画、动物画、装饰图案的实例，这是世界各国博物馆藏品所未见的。

从音乐舞蹈角度来看，莫高窟壁画中有音乐题材洞窟达 200 多个，绘有众多乐队、乐伎及乐器，据统计，不同类型的乐队有 500 多组，吹、打、拉、弹各类乐器 40 多种，共 4500 多件，展现了近千年连续不断的中国音乐文化发

莫高窟壁画（临摹图）

展变化的面貌，是研究中国音乐史、中西音乐交流史不可多得的珍贵资料。另外，莫高窟大多数洞窟的壁画中几乎都有舞蹈形象。有反映人间社会生活、风俗习惯的舞乐场面和舞蹈形象，如西域乐舞、民间宴饮和嫁娶舞乐；有经变中反映的宫廷和贵族宴乐歌舞场景；有天宫仙界的舞蹈形象，如飞天的舞蹈形象、供养伎乐等。总之，莫高窟堪称一座舞蹈艺术的博物馆，保存了无数高超的舞蹈技巧和完美的舞蹈艺术形象，代表了各时代舞蹈发展的面貌及其发展历程。

从建筑设计角度来看，莫高窟是十分丰富的建筑史资料。莫高窟壁画中描绘了自十六国至西夏时期的成千上万座不同类型的建筑，有佛寺、城垣、宫殿、阙、草庵、穹庐、帐、帷、客栈、酒店、屠房、烽火台、桥梁、监狱、坟茔等，这些建筑有以成院落布局的组群建筑，有单体建筑。壁画中还留下了丰富的建筑部件和装饰，如斗拱、柱坊、门窗以及建筑施工图等。长达千年的建筑形象资料，展示了一部中国建筑史。

余秋雨在《文化苦旅》中曾提到，在莫高窟身上寻找到“民族心底”的“梦幻”，可以看到“一种圣洁的沉淀”，“一种永久的向往”达到“神人交融，时空飞腾”的“自由的殿堂”。莫高窟就像一座集艺术瑰宝与文化珍奇于一体的宝库，既是古老敦煌的深刻印记，也是先辈留给我们的不朽财富。诚如敦煌研究院荣誉院长樊锦诗所言，莫高窟“所承载的又不仅仅是一千年的形象的佛教史，还是一千年的绘画史、一千年的雕塑史、一千年的中西文化交流史”，总之，它是“一部千年的中华形象历史”。

二、“吾国学术之伤心史也！”

在巨大沙海的尽头，承天接地的沙粒静静地伏在苍茫的大地，仿佛成千上万默默行走在朝圣路上的圣徒：沉默、虔诚、无悲无喜、坚持不懈地匍匐在西行路上。从鸣沙山延伸过来的沙漠，一直覆盖到莫高窟顶上。三危山对面，莫高窟洞开的一排排洞窟，仿佛一双双透视世俗的眼睛，望进造访者的灵魂深处。就是在这个地方，20世纪初，来回的人声和车辙声，带走了本该属于一个古老民族的惊世宝藏。留下的，只是屈辱的伤痕和血泪。后来的学者，面对着不可改变的历史惨状，只能抚膺长叹：“敦煌者，吾国学术之伤心史也！”

（一）王圆箓——佛界的道士

今天，在谈起敦煌莫高窟的时候，没有人不会想到王圆箓。大家都知道，这个原本普通的道士，在一次偶然的机会中推开了敦煌莫高窟的一面墙壁，发现了足以震惊整个世界的敦煌文明。但是，同时人们也认为，是他将那些珍贵的残卷卖给了远道而来的欧洲人——斯坦因、伯希和。人们觉得他愚昧、粗鄙、可恨。这个穿着土布棉衣、目光呆滞、畏畏缩缩的农民，非常不幸地被推到了历史的刀尖浪口，承受了一个民族的文化重债。

如果不是因为他在因缘巧合之下发现了藏经洞，他或许和千千万万的平

道士王圆箓

凡人物一样，被风沙掩埋在历史长河之中。王圆箓，出生于湖北，因连年灾荒流落到甘肃酒泉，成了一名道士，人们都称他为王道士。后来他云游敦煌，登上三危山，发现了莫高窟圣境。他大呼：“西方极乐世界，其在斯乎！”于是，他留在了莫高窟，也开始了他与莫高窟之间的故事。在藏经洞发现以前，敦煌的当地人称王道士为王阿菩，意思是说他有着菩萨一样的心肠。人们说他很节俭、很辛苦，一年四季都在四处云游化缘。在王圆箓到达莫高窟以前。这座绘满了无数精美的壁画和耸立着无数雕塑的佛国世界基本无人问津。它已经静静地在鸣沙山旁、三危山下沉寂了数千年。而王道士在此地修行的初衷，是为了守护他眼中的“西方极乐世界”。当地的政府官员也认可了王圆箓作为莫高窟管理员的身份。1900 年的一个早晨，王圆箓在辛辛苦苦地清除着一个洞窟里面的积沙。没想到他面前的墙壁一震，裂开了一条缝隙。透过这条缝隙，里面似乎是更幽深的一个洞穴。王圆箓感觉很奇怪，他急忙把洞穴打开。“忽有天炮响震，忽然山裂一缝，贫道同工人用锄挖之，欣出闪佛洞一所……内藏古经数万卷……”这就是王圆箓初次打开藏经洞的状况。王道士可能永远都不会知道，他到底打开的是怎样的一扇大门。“一门永久性的学问，将靠着这个洞穴建立；无数才华横溢的学者，将为这个洞穴耗尽终生。”

后来的学者和文人们常常痛苦地想象，为什么藏经洞发现的时间不能晚一点呢，为什么藏经洞的发现者偏偏是这个大字不识几个的王圆箓呢。但是，历史永远不能够回溯，藏经洞一经发现，就注定了这批遗珍的坎坷命运。藏经洞发现以后，王圆箓望着满满一洞的经卷，感觉到了事情的重要性。他首先徒步50里，赶到县城去找到了当时的敦煌县令严泽，并奉上了从藏经洞里带出来的两卷经文。可是这位见识短浅的官老爷却并没有把这两卷经文当回事。他看了看经卷上的文字，也看不出所以然，就将之当作了可有可无的废纸。1902年，新任知县汪宗翰来到敦煌，听说这位知县是一个金石学家。王圆箓再次向这位知县报告了藏经洞的情况，这位知县也带人到达藏经洞查看了情况，但是他离开时只说让王道士就地保存，看好藏经洞，从此也就没有了音信。王圆箓两次向知县报告此事也没有什么结果。但是他并不甘心，他又从藏经洞里挑选了两箱经卷，赶着毛驴，风餐露宿800里，到达酒泉，找到了时任安肃兵备道的道台廷栋。这位廷栋大人将经卷中的文字浏览了一番，得出结论：经卷上的字不如他的字好。虽然当时任甘肃学政的叶昌炽收到了敦煌县长汪宗翰送来的礼物——几本藏经洞的经卷和绢画，他隐隐约约地感觉到了这批文物的价值，他建议甘肃藩台把藏经洞中所有的古物运送到省府保存，但是藩台衙门以“经费不足”四个字驳斥了回去。所以日复一日、年复一年，王圆箓一直没有等来政府关于如何处理这批经卷的通知，而且他呈送的珍贵物品也不知去处。无论王圆箓如何去奔走游说，当地的官员从没有想过如何处理或保护这批经卷。于是，王圆箓终于心灰意冷，也不再理会那洞窟里的那堆残书故纸，直到1907年斯坦因到达了敦煌。这些远道而来的探险家都很快发现了这批残书故纸的价值。

于是，他们用少量的钱财从王圆箓手中换取了这些在我们今天看来无可估价的经卷。

今天，人们想把愤怒向王圆箓倾泻。但是，王圆箓这个势单力薄的道士不应该承受这巨大的压力。余秋雨在《文化苦旅》中这样写道："真不知道一个堂堂佛教圣地，怎么会让一个道士来看管。中国的文官都到哪里去了，他们滔滔的奏折怎么从不提一句敦煌的事由？其时已是二十世纪初年，欧美的艺术家正在酝酿着新世纪的突破。罗丹正在他的工作室里雕塑，雷诺阿、德加、塞尚已处于创作晚期，马奈早就展出过他的《草地上的午餐》。他们中有人已向东方艺术投来歆羡的目光，而敦煌艺术，正在王道士手上。"任何人都不能单独为这笔巨大珍宝流失海外负全部责任，但是任何人也都不能逃脱这份责任。因为这是一个民族的屈辱和悲剧。

华尔纳曾经赠送给王道士一些银两，但是不知道为什么这笔钱被夸大到10万两。于是，敦煌附近的村民要求和他分这笔钱。无奈之下，王道士只好装疯卖傻。曾经有着活菩萨之名的王道士,却因为藏经洞而晚节不保。1931年，王道士死在了莫高窟。从藏经洞发现以来，他从未离开过莫高窟。对于这个瘦弱的、经常带着一脸笑容的道士，有人认为他是藏经洞的发现者、莫高窟的维修人，但也有人说他是目光短浅的宗教信仰者，是有点"小聪明"的中国农民，是出卖藏经洞经卷的罪人、中国文化史上的卖国贼。今天，在莫高窟的大门对岸的空地上，王圆箓的圆寂塔仍旧无声地立在那里。塔呈圆形，状近葫芦，外敷白色。四周同样有其他的白塔，这是历代主持莫高窟的僧侣的圆寂塔。从外形来看，圆寂的僧侣们大多也不富裕。夕阳西下，朔风凛冽，这些破落的圆寂塔显得更为孤寂。

（二）斯坦因——玄奘的信徒

从哥伦布发现美洲大陆开始，欧洲国家就不断地向外探索，他们早就把地

斯坦因

球变成了地球村。而欧洲大陆上的学者，也开始了他们到世界各地探索和发现的足迹，他们把全球都纳入了自己的考古范围之内。然而反观中国，很多学者并没有这种意识。就像余秋雨所说的那样，“他们在沙漠里燃起了股股炊烟，而中国官员的客厅里，也正茶香缕缕”。当英法的坚船利炮叩响了中国的国门之时，欧洲的天才学者和考古学家们也同样用他们的手中的笔，用他们的拐杖，用他们考古的刀片，用他们装文物的箱子和马车，通过各种合法的或非法的途径，来到了中国，来到了西域，来到了敦煌。他们沿着古老的丝绸之路，深入中亚的腹地，来到了文明却沧桑的中亚各国。在风沙和驼铃之中，留下了他们的欢笑声、咆哮声，甚至是罪恶的枪声。斯坦因就是在这种背景下来到了中亚，来到了西域，来到了敦煌，来到了莫高窟。

有人称赞斯坦因是那一代最惊人的探险者、考古学家，也有人说他是盗贼、骗子、丝绸之路上的魔鬼。

1900 年，斯坦因在新疆开始了他的第一次探险。与北京轰轰烈烈的战乱相比，他的足迹根本没有引起注意。也就是这一年，王圆箓发现了藏经洞。斯坦因沿着丝绸之路，一路上进行地图的勘测绘制。在漫长的旅途中，斯坦因总是随身携带着两本书，一本是《马可·波罗游记》，一本是玄奘的《大唐西域记》。

1907 年的春天，在藏经洞被发现 7 年以后，斯坦因在一个午后来到了敦煌。

斯坦因的车队

他带着很多大木箱，身边还跟随着一个中国的“师爷”。当地人看着这些木箱，以为他就像古往今来的商人一样，给当地人带来什么奇特的物产。然而这些箱子都是空的。斯坦因在日记里这样写道:“在几乎垂直的砾岩峭壁上，有许多昏暗的洞窟，这奇特的景象使我想起了很久很久以前看到的早期意大利的绘画。”这是他对敦煌莫高窟的第一印象。今天的敦煌，游客不绝如缕，人们从四面八方来到这里，只为一睹莫高窟的真容。然而一百多年以前，敦煌莫高窟却是一个被世界忘记的地方。斯坦因刚到达敦煌时，并没有直接去莫高窟前装经卷，这个狡猾的“商人”先去了敦煌知县王家彦的家里，他还给知县一家拍了全家福。他完全清楚清朝官员们官场上的规矩，因此，他来之前办了一张护照，上面写着自己的身份——英国大臣。今天我们已经完全无法得知他是如何取得这一称谓的，但是在当时，他确实取得了王家彦和王圆箓的信任。王道士惊奇地看着这个屈尊降贵的“英国大臣”，看着他和普通人一样蹲在火边吃东西，像工人一样住在风吹雨打的帐篷里。

斯坦因到达敦煌时，一年一度的敦煌浴佛节才刚刚结束。斯坦因觉得用金钱是无法收买王道士的，因为王道士是一个虔诚的宗教徒。“从一开始我就感觉到，他是个不好对付的人，用金钱来收买显然是不可能的，这会伤害他的宗教情感。”斯坦因在日记中这样记录道。最开始，斯坦因无法轻易地进入藏经洞。但是斯坦因逐渐发现，王道士特别崇拜玄奘。每当他向王道士讲述自己是沿着玄奘的足迹穿越沙漠时，王道士就流露出兴奋入迷的表情。据说斯坦因与王道士经常吵架，但是一吵架，斯坦因就向王道士讲述玄奘的故事。他借助他的中国“师爷”告诉王道士，是玄奘的在天之灵将这些经卷托付给他。而现在，斯坦因这个从印度来的使者，要把这些东西重新带回印度去。有一天，王道士将一束经卷交给了斯坦因，夜里，翻开佛经时，斯坦因发现，在经文的边页上，有“玄奘”两个字。就这样，王道士将斯坦因带到了藏经洞前，并打开了密室的门洞，将这些经卷呈现在斯坦因面前。“只见一束束经卷一层层堆在那里，密密麻麻。”这是斯坦因第一次看见藏经洞的感受。在见过这些精美的经卷以后，斯坦因提出，以四十锭马蹄银换取全部的经卷，而王圆箓没有同意斯坦因的要求。第二天清晨，斯坦因发现，王道士在他离开藏经洞以后，花了一个通宵，将所有挑出来的经卷又运回到密室中去了。斯坦因知道他无法得到全部的经文，但是王圆篆同意收下斯坦因的 200 两银子，让斯坦因把九千多卷文书和五百幅佛像绢画带走。后来，斯坦因骄傲地写信给他的一个朋友说：“在欧洲，只要买一个梵文贝叶写本就要这些钱了。”如今，北京地铁建国门站的站台墙壁上有一幅佛教经典《金刚经》的壁画，而它的原版，就是被斯坦因那时从藏经洞中带走的。这是迄今所知世界上最早的有刊印日期的印刷品之一，被称为世界上最早的书籍，现今收藏于大英博物馆，是那里最珍贵的文物之一。通过这种骗取的方式，斯坦因得到了满满 24 箱经卷和书画。几十年后，一位年轻的诗人在诗中写道：“那天傍晚，当冒险家斯坦因装满了箱子的一队牛车正要启程，他回头看了一眼西天凄艳的晚霞。那里，一个古老民族的伤口在滴血。”

（三）伯希和——狡猾的寿星

在斯坦因满载而归十个月以后，王道士迎来了第二批探险队——法国人伯希和的探险队。伯希和这一年才 29 岁，但他却是一个拥有着深厚功底的汉学家，并精通多国语言。1900 年，伯希和就被派往北京为法兰西远东学院收集中文

伯希和

书籍。1901 年，伯希和受聘为法兰西学院汉语教授，从中国带回了大量的汉文、蒙文和藏文典籍珍本。1906 年，伯希和从巴黎前往中亚，从俄国进入我国新疆。1907 年，伯希和在乌鲁木齐停留时，获得清朝官员载澜赠送的千佛洞写本一卷，他刚一打开卷子，就认出了这是八世纪以前的东西，这时的他激动不已。当他得知这本写卷是出自敦煌莫高窟的的时候，他当即决定，去莫高窟一探究竟。这位年轻的、看起来优雅英俊的，并且能够说一口流利汉语的法国人很快便赢得了王道士的好感。

这次与伯希和一同从巴黎出发的，还有一位专业摄影师努埃特。他们在此时对莫高窟进行了第一次全面的拍摄。现在我们所能够看到的很多藏经洞刚刚被发现时的面貌，以及当年莫高窟的全貌，甚至是王道士的样子，都依赖于伯希和这次进行的拍摄。从照片中我们可以看出，当年破败的莫高窟大门前，还有小牌坊和古汉桥；而今天我们所见到的九层楼在当时也只有五层。除了对莫高窟进行拍摄以外，伯希和还对莫高窟的洞窟进行了详细的编号。经过 20 多天的努力，在征得王道士的同意后，伯希和终于进入了藏经洞。“当我置身于这个宝库，三侧都布满了一人多高的卷子，你可以想象我的惊讶。”伯希和这样写道。本来，伯希和非常担心斯坦因已经将藏经洞的写卷一扫而空了。但是，很快他就发现，斯坦因因为不懂中文，带走的只是其中价值比较小的一部分，而留下来的是更加珍贵的写卷和帛画。他当即决定，要将藏经洞所有的经卷都翻阅一遍。在昏暗的烛光下，他花费了整整三个星期来完成这项工作。根据他的记载，前面十天，他每天几乎要拆开一千捆卷子。也就是说，他每小时要打开一百捆经卷。在这三周之内，伯希和选出了他认为最有价值的文件七千余卷。随后，伯希和与王道士进行了谈判。当时缺少重建经费的王道士最后以五百两银子的价钱把这批经卷卖给了伯希和。今天我们经过考察得知，通晓13国语言的伯希和所带走的经卷都是精品，其中包括写本残卷《慧超往五天竺国传》。1908年5月27日，伯希和离开敦煌，而第二天正是他30岁的生日。这一定是伯希和一生中所能得到的最珍贵的生日礼物了。

伯希和在藏经洞寻宝

1909年秋天，北京的许多学界名人参加了接待伯希和的宴会。在此次宴会上，著名学者罗振玉见到了来自藏经洞的经卷，他大为吃惊。当年冬天，清政府才下令，将剩余的经书押送至北京。可是，由于经书没有装箱，只用了草席草草遮盖，在运往北京的路上丢失了一大批。当时，还有一些押送经卷的官员直接把押送车开进自己家里，把精美的经卷据为己有；有的甚至将完整的经卷一撕为二。经过了战乱和历史的变迁，今天，敦煌藏经洞的经卷，已经散落于世界上十多个国家。

（四）橘瑞超——迟到的僧人

自从斯坦因与伯希和相继从敦煌带走大批珍贵文物以后，敦煌的名声逐渐蜚声世界。而当时的中国，正处于列强的瓜分和侵略之下。来自于各个国家的探险队伍，都想要在敦煌分一杯羹。来自于日本的僧人橘瑞超就是其中的代表。橘瑞超是日本净土真宗本愿寺派僧侣，著名的佛教遗迹探险家。他于1908—1909年参加了大谷探险队的第二次西域探险，足迹踏遍了乌鲁木齐、吐鲁番、楼兰、和阗、叶尔羌等地。

橘瑞超

1910年8月，橘瑞超参加了大谷探险队的第三次考察，他们一行人从伦敦出发，从圣彼得堡经过西伯利亚进入到了中国新疆地区。他们首先在吐鲁番进行了一番考古挖掘，并获得了一批极有价值的古钱币、经卷残本、回鹘文残片等。吐鲁番之行结束以后，橘瑞超又一次踏进了楼兰古城遗址，并在那里发现了一个新的楼兰遗址。1911年，他又到达喀什、葱岭、和阗等地，并对这些地方的寺院遗址进行发掘和考察。1911年，由于爆发了辛亥革命，中国国内局势比较混乱，而大谷光瑞已较长时间没有得到橘瑞超的消息，于是，他便派吉川小一郎去寻找橘瑞超。吉川小一郎经上海、汉口、兰州于1911年10月5日到达敦煌。由于摄影技术出众，他在敦煌期间便一边四处派人打探橘瑞超的消息，一边趁着等待橘瑞超的机会拍摄千佛洞的部分洞窟。同时，吉川小一郎开始从王道士和其他收藏者的手里购买大量敦煌文书。由于清政府押送敦煌残卷的随意性和无管理性，在运送过程中，大量的经卷被沿途的官员或富人抽走。此时吉川小一郎所购买的经卷中就有一部分是来自于这些人的手里。1912年1月26日，橘瑞超到达敦煌与吉川小一郎汇合。两人一同去敦煌莫高窟又向王道士收购了一批经卷。这批经卷是王道士所私藏的一部分卷子。橘瑞超对自己的迟到感到无限的遗憾。他后悔没有在斯坦因和伯希和之前到达敦煌。恨自己不能一睹那些珍贵的佛经写卷。因为小川吉一郎和橘瑞超收集的经卷来自不同的人手中。所以今天日本所藏的敦煌文献被认为是最杂最琐屑的。

大谷探险队

（五）鄂登堡——劫书的院士

橘瑞超带着满满的收获兴高采烈地回到了日本。此时，中国的另一个邻国——俄国也开始积极筹措前来分享“珍宝”。事实上，早在1879年的时候，俄国的一位探险者就已经在自己的日记中提到过千佛洞。而在20世纪初，劫掠敦煌遗书的代表人物则是鄂登堡。

鄂登堡是沙俄汉学家瓦西里耶夫院士的门徒。1889年毕业于彼得堡大学东方系，主要研究梵文和佛学。1900年成为沙俄科学院院士，1904年起任科学院常务秘书。鄂登堡一直都对中国佛教和印度佛教表现出超乎寻常的热情。他建议和呼吁沙皇政府建立一支中国西域综合科学考察团队。1903年，“俄国委员会”正式成立，鄂登堡对敦煌文书的盗掠，就是在所谓的“俄国委员会”

鄂登堡

鄂登堡考察团

的支持和指导下进行的。"俄国委员会"成立以后，俄国政府曾经多次派遣考察队对中国的西北地区进行考察。在知道了斯坦因、伯希和、橘瑞超等人在敦煌的惊世发现以后，鄂登堡决定，他一定要前往敦煌看一看。鄂登堡对外宣称，他来到中国西北地区进行考察，是为了寻找对中国西北地区佛教艺术遗迹进行断代的可靠依据。然而他的真实目的是为了盗取千佛洞的珍贵文物。

1914 年 3 月，"俄国委员会"同意了鄂登堡制订的为期 1 年的敦煌莫高窟考察方案。在考察之前，考察队就进行了精心的准备。在 1914 年 8 月 20 日的下午，远道而来的俄国考察队到达了敦煌。鄂登堡在日记中激动地写道："2 点 45 分与 C.M. 杜金（即杜丁）到达千佛洞，顺便看了看洞窟。4 点两轮车来。全都参观了，印象颇深。"在到达的前三天，鄂登堡等人只是粗略地浏览了一下洞窟，并为接下来的"工作"制订了详细的计划。原本，他们打算对莫高窟的洞窟重新进行编号。但是，在考察了伯希和的编号方式之后，他们立即决定不再重新编号，而是按照伯希和的方式进行补充。因为千佛洞的洞窟太多，他们没有时间花费那么多的精力对之进行重新编号。在编号的过程中，他们还重新发现了 3 个洞窟，鄂登堡分别用"A、B、C"对这 3 个洞窟进行了标识。从 1914 年 8 月至 1915 年初，这支俄国的考察队在敦煌待了半年的时间。在此期间，他们对洞窟进行了测绘，对敦煌的大部分洞窟进行了拍照记录，对一些重要的壁画进行了临摹，对残存的敦煌经卷进行了大规模的搜罗。因第一次世界大战爆发，中国参战，鄂登堡等人得到消息后匆匆地结束了敦煌之行，带着他们所偷绘的 443 个洞窟平剖面图、所偷拍的 2000 多帧照片以及所劫掠的各种壁画、布画、绢画、纸画、丝织品和写本返回了俄国。

过去人们一直认为，俄藏敦煌经卷的价值远远不及法国和英国所收藏的敦煌经卷，这是因为俄藏敦煌写本的情况一直不为人所知。直到 20 世纪 60 年代初，在莫斯科举行第 25 届国际东方学家大会期间，苏联才宣布了有关敦煌经卷的消息，并展出了一些敦煌文书供各国学者参观。俄藏敦煌文书的这次面世，引起了学术界的极大震动。但是对于俄藏敦煌文书的具体数目和内容，外界还是一无所知。20 世纪 90 年代，中国敦煌吐鲁番学会代表团应邀前往列宁格勒访问，了解了俄藏敦煌文书的收藏情况。据俄国敦煌文书研究者介绍，俄藏敦煌文书可能有 1.8 万号之多。俄藏敦煌文书的内容也非常丰富，包括佛教典籍、道教典籍、社会经济文书、敦煌文学，等等。可以说，圣彼得堡与北京、伦敦、巴黎一样，已经成为敦煌文献收藏的四大中心之一。

（六）华尔纳——窃画的馆长

鄂登堡一行人离开敦煌以后，敦煌所有的能够带走的经卷和文书都已经没有什么遗留的痕迹了。各国的侵略者留下的，就只有这些沉重庄严的塑像和色彩斑斓的壁画了。在这种情况下，有一个叫华尔纳的美国人来到了敦煌。他组建了一支队伍，叫华尔纳远征队，这支队伍取得了直系军阀吴佩孚的支持和帮助。中国当局竟然在战乱的局面下派了一支武装护卫队把华尔纳远征队从北京一直护送到古城西安。1923 年 9 月 4 日，华尔纳在中国的远征正式开始。他曾经在他的旅行札记中这样描述他的这次远征："从印度来的圣徒们越过世界的屋脊……蒙古的游牧部落。皇帝的使臣，从印度来的绿宝石，从中国来的丝织品，马贩、乞丐——在旅行中所见到的比历史还要古老的壮丽景象、污秽肮脏、

华尔纳

呻吟痛苦以及辉煌成就——凡此种种都是不可否认的，也是经常出现在我们眼前的。”他们沿着古老的丝绸之路，从哈拉库图到达敦煌。华尔纳到达敦煌之前，早就听说过了敦煌艺术的壮丽辉煌。他知道斯坦因、伯希和、橘瑞超、鄂登堡都已经到过敦煌，并且极尽所能地带走了他们所有能带走的东西。但是，作为一个“艺术家”，他不顾一切地想要去看看这个只有极少数的东方学家才能见到的世界艺术画廊。

华尔纳于 1924 年 1 月到达敦煌。在到达的第一天，他就迫不及待地进入了那些有壁画的洞窟里。一连十几天，除了睡觉和吃饭，他基本不离开洞窟。这些成千上万的优美壁画和塑像，把华尔纳惊得目瞪口呆。他想不到任何一种华美的词语来赞叹他眼中所看到的景象。他写道：“我除了惊讶得目瞪口呆外，再无别的可说……现在我才第一次明白了，为什么我要远涉重洋，跨过两个大洲，在这些烦恼的日子里，蹒跚地走在我的马车旁边。”他对这些壁画爱不释手，甚至达到了一种疯狂迷恋的状态。他遗憾于自己没能早一点看到这里的壁画，他遗憾于美国的博物馆里没有收藏这些精美绝伦的壁画。于是，华尔纳立即决定：他要剥离这些壁画，将之带到美国！他在一封信中疯狂地表达了他的这种心态：“我的任务是，不惜粉身碎骨来拯救和保存这些即将毁灭的任何一件东西。若干世纪以来，它们在那里一直是安然无恙的，但在当前看来，它们的末日即将到来。”

现在我们几乎都知道，当时千佛洞的管理人只是一个大字不识得几个的王道士。华尔纳赠送给王道士很多礼物，并用花言巧语迷惑他。不久之后，王圆箓竟然同意了华尔纳剥走一些壁画的要求。后来，华尔纳又提出，想要搬走一些塑像。王圆箓开始是坚决不同意的，后来他了解到，华尔纳要搬走的是一些斑驳的旧塑像而不是色彩鲜艳的新塑像时，他同意了，毕竟那么多的塑像搬走一两尊也是不要紧的吧？那么多的壁画剥走几幅也是无伤大雅的吧？于是，华尔纳在 1924 年 4 月返回美国时，带走了他从莫高窟盗走的 12 件壁画以及一尊古老陈旧的唐代塑像。华尔纳回到美国后，迅速地便把自己在中国敦煌的“战利品”向学界炫耀，于是他名利双收，获得了极大的荣誉。他所盗走的壁画和塑像被哈佛大学收藏。哈佛大学的福格收藏所也因为有了这些珍贵的艺术品而闻名世界。

华尔纳得到了荣誉和赞美之后，仍旧不满足。他的野心越来越大，他决定组织一支更大的队伍，去敦煌盗取更多的壁画。但是，由于中国的反帝爱国运动的兴起以及中国人民的觉醒。华尔纳第二次的敦煌之旅，遭到了全国人民的强烈反对。最终，他不得不空手返回了美国。

外国“考察者”和“学者”一批又一批地到达敦煌，他们的车辙印和马蹄声使已经沉寂千年的莫高窟在风沙中睁开了眼睛。从梦中醒来的她却看见了自己曾经最为璀璨耀眼的东西正一

华尔纳劫掠的一尊供养菩萨

件件地被剥蚀，被她的“不肖子孙”们当作沙粒和石块送给了那些远道而来的劫掠者。19 世纪 20 年代，华尔纳远征队离开之后，莫高窟在狂风和落日中沉默无言，像是在风沙里眺望远方，遥想着自己曾经是怎样的繁华荣耀：那些虔诚的修行者是如何用信念和执着在她的身上凿下了第一口石窟，那些远道而来的修行者是如何精心思虑地在她身上绘下第一笔色彩，那些勤劳的工匠是如何庄重无言地在她的身边塑好了第一尊雕像，那些信仰者虔诚的低吟，那些远游者惊讶的赞叹，那些画工深夜的咳嗽，那些禅师清晨的佛诵……这个庞大的由无数个被历史淹没的前辈所成就的佛国世界和佛国文化，此时，就在敦煌莫高窟这个地方，被撕裂，被摧毁。而他的继承者和守护者们，却还没有认出她的本来面目。

第二章　漂洋过海：文物客居处

她来自于每一个虔诚的抄经者的笔下，也出自于每一个行脚僧的步伐。她收录朝堂之上里的案头公文，也整理坊间里外的街谈巷语。她收纳了太庙学子的读书声，也没有摒弃莲塘游女的采莲歌。她记录了佛家的《金刚经》，也没有忘记道家的《抱朴子》。她收藏了中原大地字正腔圆的方块字，也没有抛弃西域各国的楔形文……从无到有，从滴水至沧海。敦煌藏经洞里的文物，是无数僧人和香客经过无数个日夜的收集整理而成的。她凝聚着无数个虔诚的心愿和智慧的梦想。字里行间中，隐藏的是西域大地曾经的金戈铁马、狼烟烽火。朝代的兴衰、庙宇的更替、商业的繁荣、宗教的争斗、游民的迁徙、佛徒的旅行都一一印刻在经卷的笔锋里。然而今天那些敦煌学的学者，面对着一个个未解的难题，却要漂洋过海，到世界各处地方，隔着玻璃，与这些敦煌遗书来一次远别的重逢。

英国、法国、俄国、日本、印度、美国……大英博物馆、吉美博物馆、艾尔米塔什博物馆、龙谷大学图书馆……这一个个或陌生或熟悉的地名、分散在世界各地的文化圣地，都联结了一个共同的名字——敦煌遗书。从 1900 年被发现，经过一个世纪的漂泊流亡，敦煌藏经洞里的文物，除了国内所藏的零散的部分，其他的都散落于这些国家。今天我们能够在国外各大博物馆里看见它们熟悉的身影，其他很大的一部分，我们只能通过这些博物馆或图书馆出版的书目来远远地欣赏。

一、“流入于异国”

20 世纪初，所有中国人的目光都集中在八国联军对北京的侵占上，集中在了慈禧太后的西逃上。动荡不安的国内形势使人们为国家的前途和命运奔走呼号。因此没有一个人关注在中国的西域、在敦煌的莫高窟那批正在被盗掠者劫掠的珍贵的文物。有人说：“散落在世界各地的敦煌遗书中，英国最多、法国最精、俄国最杂、日本最秘，中国最散最乱。”简简单单的一句话，道出了敦煌遗书所经历的种种劫难，令每一位中国人都忍不住为之唏嘘感叹。

（一）伦敦——泰晤士河畔的艺术之都

敦煌藏经洞开启以后，斯坦因是第一个到达敦煌藏经洞的外国人。当时，

英国国家图书馆

藏经洞的文献完整，没有受到破坏和扰动。斯坦因是第一个得到大批敦煌遗书的人。他得到这批文书之后，便回到了英国。据悉，斯坦因所收集的敦煌文献，凡是用汉文、粟特文、突厥文和回鹘文书写者，都归于当时的英国博物馆保管；凡是用于阗文、龟兹文、藏文书写者皆归印度事务部图书馆保管。英国所收藏的敦煌遗书，不但具有数量多、质量高、文献种类丰富等特点，不少遗书还附有斯坦因当年的原始现场记录。据统计，英国所藏敦煌遗书仅汉文文书就有13000余件，居各国所藏之首，而且其中多为长卷，保存得较为完好，大部分文书的字迹清晰可辨。这一批遗书对研究藏经洞内敦煌遗书的原貌、敦煌遗书的性质具有重要的价值。

1. 英国国家图书馆

作为世界敦煌文献“四大收藏”地之一，英国国家图书馆收藏的敦煌遗书，约占敦煌遗书总量的三分之一。内容涉及历史、宗教、政治、经济、文学、语言、文字、社会、法律、音韵、医药、音乐、美术、舞蹈以及民族史、边疆史、中外关系、书法、绘画、舞蹈等各个方面，几乎是无所不包、无所不含。

为了进一步地整理和研究英国国家图书馆馆藏的敦煌文献，推动敦煌学研究的进步，从 20 世纪 50 年代开始，英国就一直陆续地将所藏的敦煌文书拍摄成微缩胶卷出售给各个国家，但取得的效果却不是很好。1987 年，中英两国开始合作，着手进行英藏敦煌文献的重新拍摄和出版工作，英国破例允许中国专家前往拍照，我国几代学者的夙愿也因此完成。1995 年 5 月，大型图集《英藏敦煌文献》由四川人民出版社全部出齐。为了更好地了解到英藏敦煌文书的内容，下面列举出该书十四卷卷首的篇目名如下：

卷一：《毛诗郑笺》（邶风燕燕—静女）；卷二：《搜神记》一卷；卷三：《孝经》一卷并序；卷四：残片（卖宅舍契）；卷五：丙辰年东界羊籍；卷六：《太平部》卷第二；卷七：九礼忏文；卷八：斋日行事；卷九：礼忏文；卷十：曲子（旱出缠、乐入山、乐住山）；卷十一：丙辰年地主唐养子领取某寺僧政付地价物凭；卷十二：辛酉至癸、亥三年间灵修寺诸色斛斗入破历计会；卷十三：《孝经》（士行章第五、庶人行章第六、三才行章第七）；卷十四：《随心金刚大小心契法》。

英国国家图书馆所藏敦煌遗书

从以上的篇目可以看出，无论是儒家经典还是道家典籍，也无论是佛家事物还是地方杂事，敦煌文书里都有所涉及。说它是当时社会的一部百科全书也完全不过分。这套《英藏敦煌文献》出版以后，受到了海内外学者的广泛欢迎和高度评价。这部书被认为是迄今为止，反映英藏敦煌文献最清晰、最完整、最准确的版本。

2. 大英博物馆

作为世界上历史最悠久、规模最宏伟的综合性博物馆，大英博物馆收藏了世界各地的许多文物和图书珍品，藏品之丰富、种类之繁多为全世界博物馆所罕见。大英博物馆位于伦敦中心，是一座规模庞大的希腊复兴式建筑，在蓝天白云的掩映下十分壮观。来自世界各地的珍贵图书和文物，在大英博物馆里等待着来自四面八方的观赏者。其中，有 100 多幅精美的绢画吸引着所有来访者的目光。那些飞舞跳跃旋转的优美身姿，那些宝相庄严的菩萨面容，那些策马奔腾的风流士子以及浴佛时节的礼佛盛况、仕女出游的出游仪仗……都一一展现在来访者的眼前，仿佛无论时间过去了多久，也无论是在什么地方，这些来自于古老的东方——那个叫敦煌的小城镇的佛国世界和世俗文明，仍然在继续上演着它的热闹和繁华。

大英博物馆

大英博物馆今天所展出的敦煌画绢，就是 20 世纪初斯坦因从中国盗走的那一批经卷和绢画中的一部分。英国国家图书馆收藏了 13677 本敦煌经书，而大英博物馆则珍藏了许多精美的画作。其中,《树下说法图》的年代最为久远,约成于公元 8 世纪初。它描绘了佛陀在菩提树下说法的情景，具有很高的艺术价值。还有著名的《报恩经变图》,在这两幅图中,说法的地点从树下变换到了天宫。经过整理和研究，

《树下说法图》（局部）

英国于1957年出版了《大英博物馆藏敦煌汉文写本注记目录》，这本书收录了汉文写卷本8102号。这些汉文的写本和精美的绢画，现今仍旧收藏在大英博物馆内。今天，许多敦煌学的学者和敦煌文化的爱好者，需要远渡重洋，去和这些遗失的文物们来一次久别的重逢。

（二）巴黎——塞纳河边的浪漫之都

巴黎，一座有着无数美名的城市，一座艺术之都，一座浪漫之城。塞纳河在宁静地流淌，在塞纳河上泛舟，可以从不同的角度看到耸立在远处的埃菲尔铁塔、卢浮宫、凯旋门……走近巴黎，可以从那些大道小巷去寻访巴尔扎克、莫里哀、大仲马、雨果、福楼拜……这座充满着人文气息和浪漫气息的城市里，同时也收藏了来自世界各地的璀璨文明成果，其中包括在中国西北那个叫敦煌的地方所遗失的一部分珍贵文物。

1. 法国国家图书馆

被称为国家图书馆“始祖”的法国国家图书馆，是世界上五大国家图书馆之一。14世纪，法国国王查理五世命令将历代皇室收藏的图书文稿集中于卢浮宫内，成立皇家图书馆。经过几个世纪的不断发展和完善，法国国家图书馆已经成为世界上收藏资料最为丰富的国家图书馆之一。20世纪初，伯希和从敦煌藏经洞所劫走的敦煌文书，基本都收藏于法国国家图书馆。据统计，法藏敦

法国国家图书馆

煌西域文献共约 9000 件，其中敦煌文献约 7000 件。在 20 世纪 40 年代，学者王重民在巴黎留居 5 年，专门调查敦煌汉文文献，编制了书目《伯希和劫经录》。王重民根据现行的本子，对敦煌文献里的经史子集进行了辑录，这本书在当时成为了解法藏敦煌文献的一部重要的书目。到 20 世纪末，我国上海古籍出版社与法国国家图书馆共同整理和编辑了《法藏敦煌西域文献》。本书收录了法国国家图书馆收藏的、由伯希和在甘肃敦煌莫高窟收集的全部文献，其中也包括伯希和在新疆库车等地收集的全部西域文献。关于胡语文献，法国拉露所编的《法国国立图书馆所藏敦煌藏文写本注记目录》一书中，对每件写本的外观和内容都做了详细的记录。对一些已有的研究成果，也加以著录。由于伯希和精通多国语言，所以他在藏经洞所选取的胡语文献都非常有价值。其中主要的是大量的古藏文写本。敦煌藏文文献的抄写年代大约在公元 9 世纪末至 10 世纪，属于吐蕃王朝末期。从内容来看，这些文献的内容大致包括佛教典籍、契约文书、法律条文、占卜文书等。其中涉及吐蕃时期西域的历史、政治、经济、文化、

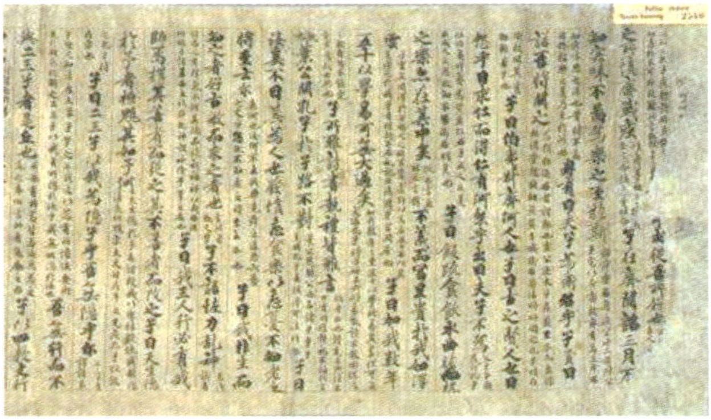
法国国家图书馆所藏敦煌遗书

宗教等诸多方面的情况，是研究吐蕃王朝和西域的重要材料。

法国国家图书馆所收藏的这一部分敦煌遗书，无疑有着巨大的价值。为了能够让这批珍贵的史料发挥它应有的价值，今天，国内的敦煌学者与法国国家图书馆的学者正在进行多方面的合作，很多我们以前不能一睹真容的文献得以重回我们的视野，很多我们以前不能解释的文化密码也正在一步步地向世人揭开它神秘的面纱。

2. 吉美博物馆

伯希和从敦煌离开的时候，所带走的不仅仅是大量珍贵的敦煌遗书，还有一大部分精美的美术品，其中包括220多幅绘画品和21件木雕，还有许多丝织品残片和画幡、经帙等。这些美术品先收藏于法国卢浮宫博物馆，后来又陆续转入吉美博物馆。绘画品的内容包括佛像、菩萨像、天王力士像、高僧像等。这些绘画体现了一千多年以前人们心中的佛国世界。菩萨曼妙的身姿、上扬的嘴角、半垂的双眼、高耸的云髻，都表现了中古时代人们对宁静的向往和虔诚的信念。双目微凸的天王像、气魄非凡的肌肉造型，展现了充沛的力量和气势恢宏的盛唐气象。画师们仿佛在尽力地描绘佛国世界的庄严和极乐，又像是在尽情地展现着现世世界的繁华和热闹。中国历史上曾经出现了无数的绘画大师，但是因为战乱、毁灭、流失和野蛮的破坏，他们绝大多数伟大的创造被永远地埋在了历史深处。直到敦煌莫高窟和藏经洞的发现，这个隐身在大漠里的美术馆，从

吉美博物馆

吉美博物馆所藏敦煌遗画

此又走进了人们的视野。这些来自于莫高窟藏经洞的绘画，在异域他乡的吉美博物馆展厅里，展示着来自于遥远东方的美术传奇。木雕的题材也不外乎菩萨和佛像，其中，吉美博物馆里编号为 E01108 的小型禅坐佛像特别引人注意。佛陀面相圆润，神情安详，法相庄严，身着汉式的佛衣，结禅定印呈金刚跏趺坐安住于莲花法座上，看起来十分安详宁静，仿佛正沉浸在佛国净土世界之中。剩下的一些丝织品残片、画幡、经帙，因为数量极少的原因，现在具有无法估量的价值。这些精美的敦煌艺术品，是祖先留给我们的宝贵的文化遗产，这里面不仅仅包含着他们对佛国世界的想象，更有他们对心灵净土的期盼和对美的追求。

（三）圣彼得堡——波罗的海岸的北方之都

涅瓦河水在静静地流淌，波罗的海在无声地守望。没有鳞次栉比的摩天大楼，没有熙来攘往的车水马龙，城市的天际线与蓝天碧海相交融。这座由彼得大帝于 1703 年兴建的城市，已经在波罗的海岸矗立了 300 多年了。它见惯了俄罗斯这个北方之国的兴衰存亡，战争的硝烟也曾经使它几近于毁灭，但是今天它仍旧以闻名遐迩的古迹名胜吸引着来自世界各地的造访者。有人说，它神奇壮丽的建筑几乎集中了欧洲各国建筑的精华；也有人说，它美轮美奂的冬宫和夏宫几乎收藏了来自世界各地最耀眼夺目的文明遗产。来自于中国敦煌的经卷和美术品，有一部分就收藏于圣彼得堡的俄罗斯科学院东方学研究所分所和艾尔米塔什博物馆。

1. 俄罗斯科学院东方学研究所圣彼得堡分所

俄罗斯科学院东方学研究所圣彼得堡分所又称圣彼得堡科学研究中心，主要研究东方民族的文化遗产，侧重收集和整理涉及中国敦煌文献、西夏文献、藏文和西藏文化发展史的资料。1915 年，鄂登堡在敦煌所带走的敦煌文献，基本就收藏于俄罗斯科学院东方学研究所圣彼得堡分所，其中包括 18000 件汉文残卷，200 余件藏文写本，100 余件绢纸绘画，还有少量的梵文文献。当年所记载的俄国所藏敦煌文献毕竟只是一个大概的情况，而且其中的内容也一直不为世人所知。直到 1992 年，一部由俄罗斯科学院东方学研究所圣彼得堡分所、俄罗斯科学出版社东方文学部和上海古籍出版社联合编辑的书目——《俄藏敦

俄罗斯科学院东方学研究所圣彼得堡分所

俄罗斯科学院东方学研究所所藏敦煌遗书

煌文献》的出版，才让世人对俄国所藏的敦煌文献有了大致的了解。这本书收录了敦煌文献弗鲁格号368件、敦煌号19092件，也包括艾尔米塔什博物馆所收藏的8件敦煌文献藏片，总计约达20000万号。从该书的书目我们可以看到，俄罗斯科学院东方学研究所圣彼得堡分所收藏的敦煌文献不仅数量大，而且内涵丰富，有些甚至为举世罕见的秘籍。其中，有历代刻本大藏经未收佚籍，有可与英藏敦煌藏品连缀合璧的著名变文，有《诗经》《论语》《史记》《老子》《庄子》等经典文献，还有数百件官私文书。这一部分文献对于我们研究五代时期的社会状况具有极其重要的价值。

2. 艾尔米塔什博物馆

该馆最早是叶卡捷琳娜二世女皇的私人宫邸。1764年，叶卡捷琳娜二世从柏林购进伦勃朗、鲁本斯等人的250幅绘画存放在冬宫新建的侧翼“艾尔米塔什”，该博物馆由此得名。如今，艾尔米塔什博物馆已经拥有300多万件珍贵的藏品。该馆拥有300幅以上像达·芬奇、凡·高这样的世界最顶尖的画家的杰作以及许多来自古希腊、古罗马的优美的雕塑。有人曾经这样形容它的琳琅满目和丰富多彩：如果按照每天8小时、每件展品观看1分钟的时间来算，那么要看完该博物馆的全部藏品，大概需要11年。因此，艾尔米塔什博物馆与巴黎的卢浮宫、伦敦的大英博物馆、纽约的大都会艺术博物馆并称为世界四大博物馆。

在艾尔米塔什博物馆中的远东艺术博物馆，我们可以发现大量珍贵的中国文物和艺术品，其中包括200多件殷商时代的甲骨文，西汉时期的珍稀丝绸，来自于其他各个朝代的瓷器、珐琅、漆器、山水画、仕女画和年画，敦煌千佛洞的雕塑和壁画的样品就在这里展览和陈列着。收藏于该博物馆的敦煌艺术品也是鄂登堡探险队在敦煌所带走的那一部分，其中包括完整的壁画残片16件、残缺的壁画残片61件、绢本画50件、麻布画69件、纸本画39件……也有人说，鄂登堡所带走的这一部分艺术品包括佛旗幡与麻布幡66件、绢画佛像残卷137件、纸画佛像残卷43件、壁画14幅、大塑像4尊、小塑像24尊、丝织样品58件、写本残卷8件摹图，还有约2000张的敦煌石窟照片。后来据敦煌学的学者研究和统计，艾尔米塔什博物馆所藏的敦煌艺术品共363号，其中一些精品被该博物馆进行了单独的编号。艾尔米塔什博物馆收藏的最大的一幅绢画是晚唐时期的《千臂千钵文殊菩萨像》。这幅绢画高171厘米，宽143厘米。绢画中，文殊菩萨神态安详地坐在莲花座上，36只黄颜色的手中都有着深红和蓝绿色的钵，在他的周围，日藏菩萨、月藏菩萨、北方大圣毗沙门天王、摩醯首罗以及其他的菩萨、天王、日天、五马（座）、月天、五鹅（座）等以各种姿势簇拥环绕着，

艾尔米塔什博物馆

《千臂千钵文殊菩萨像》

色彩绚丽，夺人眼球。在艾尔米塔什博物馆的所有敦煌艺术品中，麻布画显得最为完整。这些麻布画上，有站在莲花上的观音菩萨像，有戴花佛冠的虚空藏菩萨，等等。艾尔米塔什博物馆所收藏的敦煌艺术品，年代上至北魏时期，下至宋初，是一批跨越时空、超越国界、富有永恒艺术魅力的珍贵艺术品。

（四）京都——比睿山下的文化之都

中国和日本的文化自古以来就在相互影响、相互交流中不断发展，特别是在唐代，中日之间的文化交流更是密切。所以，日本收藏了很多我国古代的典籍，很多由于战火波及而失传的中国古代文化典籍在日本却完好地保存了下来。

京都是日本最古老的城市之一，是日本的古都城、日本风貌的代表。这座古城的规格完全仿照唐时的长安建成。泉水、金鱼、枫叶、樱花构成的和风庭院，与秀色山林融为一体的古代庙宇，蓝天白云的映衬下美丽幽静的岚山，吸引着络绎不绝的游人。走进京都，仿若穿越了时空，走进了另一个盛世中的大唐。

京都浓厚的历史文化氛围不仅仅是因为它仿古的建筑和古老的街道，更因为它深厚的文化底蕴。藏书丰富的寺庙和博物馆，历史悠久的各类大学，为京都这座城市增添了更多的魅力。橘瑞超在敦煌收集的文书和艺术品，就大多被收藏于京都这个底蕴丰厚的地方。

由于大谷光瑞探险队的成员没有受到过基本的考古训练，而且他们收集的敦煌文献也来自于不同的地方和不同的人群，所以他们对到手的这些文物没有进行详细的记录，后来几经辗转，到手的敦煌文献也不是原来的数目和样子了，这就使得我们至今都无法明白日本所藏敦煌文献基本件数。相较于其他国家的文献，日本收藏的敦煌文献显得特别分散。由于没有进行及时的整理和分类，很多敦煌文献已经和他们收集的吐鲁番文书混在了一起，所以，一部分敦煌文书和一部分吐鲁番文书早已混淆不清了。虽然日本所藏的敦煌文书较为分散，但是经过敦煌学者们的多方探查和走访，一部分的文书收藏地点基本清楚了；大致分布在龙谷大学图书馆（大宫图书馆）、东京国立博物馆、京都国立博物馆、书道博物馆、藤井有邻馆、天理图书馆、大谷大学图书馆、唐招提寺、国立国会图书馆、九州大学文学部等地方。

1. 东京国立博物馆和京都国立博物馆

日本收藏敦煌文书和艺术品的国立博物馆主要是东京国立博物馆和京都国立博物馆。东京国立博物馆收藏的主要是敦煌写本、绢画和北魏写经，

东京国立博物馆

总共的数目不详，如今已经被展出的有 4 件敦煌绘画品、2 件敦煌文书。4 件绘画品中，有 3 件是伯希和于 1908 年从敦煌劫走的。这些藏品据说是和法国吉美博物馆交换所得。京都国立博物馆所藏敦煌写经和佛典共 72 件，这批敦煌写经和佛典原为松本和守屋收集品。在对这批佛典和写经进行整理的过程中，东京国立博物馆和京都国立博物馆分别对各自的藏品进行了编目。1929 年，京都国立博物馆出版《东山草堂古经图录》，1932 年又出版了《佛教关系古写本古版本目录》，这两本书记载了松本氏收藏的 5 件佛典的基本情况。1971 年，东京国立博物馆出版了《东京国立博物馆图版目录・大谷探险队将来品篇》，该书记录了东京国立博物馆收藏的敦煌写本和艺术品共 14 件。

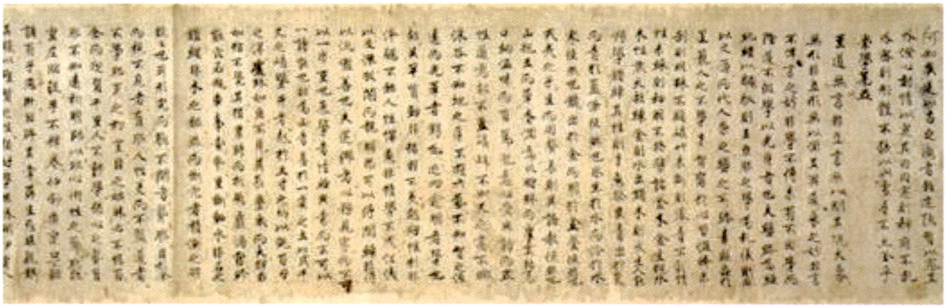

东京国立博物馆所藏敦煌遗书

2. 龙谷大学和大谷大学

龙谷大学图书馆是日藏敦煌文献收集数目较多的地方。从收集数量上来看，共 55 件。这批写经大部分来自于大谷探险队和橘瑞超的个人捐赠，也有一小部分由京都西本愿寺门主大谷光照移交。1958 年，龙谷大学图书馆出版《龙谷大学所藏敦煌文献古经现存目录》，该书的目录著录了大谷收集品 37 件和他人捐赠品 27 件。1984 年，龙谷大学图书馆又出版《龙谷大学图书馆所藏大谷探险队将来敦煌古写经目录》一书，该书除了著录大谷收集的 37 件收集品外，又增加了橘瑞超捐赠文书中的 6 件。大谷大学所藏的敦煌文书数目，据荣新江的《海外敦煌吐鲁番文献知见录》和王素的《敦煌吐鲁番文献》记录，大概有

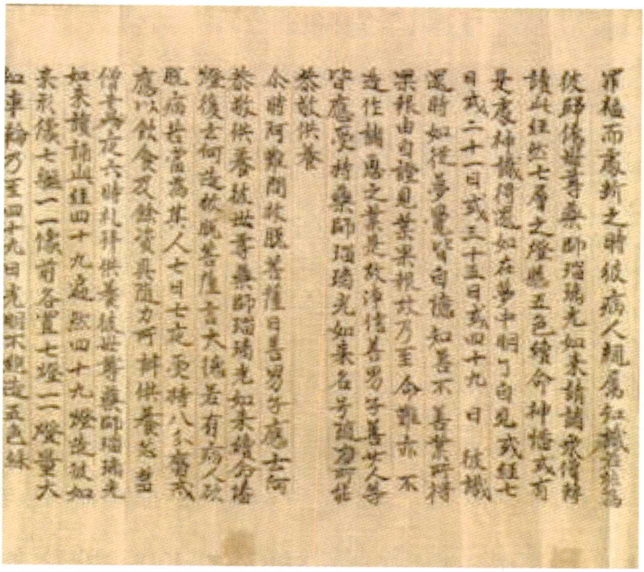
罪福而處斷之時彼病人親屬知識若能為
彼歸依世尊藥師瑠璃光如來請諸衆僧轉
讀此經然七層之燈懸五色續命神幡或有
是處彼識得還如在夢中明了自見或經七
日或二十一日或三十五日或四十九日彼識
還時如從夢覺皆自憶知善不善業所得
果報由自證見業果報故乃至命難亦不
造作諸惡之業是故淨信善男子善女人等
皆應受持藥師瑠璃光如來名號隨力所能
恭敬供養
爾時阿難問救脫菩薩曰善男子應云何
恭敬供養彼世尊藥師瑠璃光如來續命幡
燈復云何造救脫菩薩言大德若有病人欲
脫病苦當為其人七日七夜受持八分齋戒
應以飲食及餘資具隨力所辦供養苾芻僧
晝夜六時礼拜供養彼世尊藥師瑠璃光
如來讀誦此經四十九遍然四十九燈造彼如
來形像七軀一一像前各置七燈一一燈量大
如車輪乃至四十九日光明不絕造五色綵

龙谷大学图书馆所藏敦煌遗书

敦煌写经38件，由东本愿寺前法主句上人捐赠。

以上介绍的日本两大国立博物馆和两大大学图书馆所藏的敦煌文献只是日本所藏敦煌文献的一部分。由于日本“所藏最秘”的特点，直到今天我们仍然无法完全知道日本所藏敦煌文献的具体数量，更遑论那些敦煌文献的具体内容了。但是学界一致认为，日本所藏的敦煌文献应该至少有600多件。其实，日本在敦煌学方面最显著的特点不是收藏的敦煌文献不见天日，而是他们取得的重大的敦煌学研究成果。在充足的财政支持下，在具有东方文化的背景下，日本在研究敦煌遗书时显然比西方学者更具优势。因此，日本成为海外敦煌学研究的杰出代表，他们在研究唐代社会经济、归义军历史、少数民族关系等方面取得了很多巨大的成果。有一段时间，国际上甚至一度传出了“敦煌在中国，敦煌学在国外”这样的说法。

（五）新德里——恒河平原上的现代之都

由恒河河水滋养的印度，不仅仅有着物产丰富的恒河平原，更是佛教的诞生地。从东汉明帝兴建白马寺开始，从印度而来的佛教就开始在古老的中国慢慢生根发芽。说起来，敦煌莫高窟这个因为佛教的兴盛而存在的洞窟，在某种程度上和印度有着莫大的渊源。莫高窟里早期塑造的众佛形象在某种程度上仍旧保留了某些中亚甚至是印度佛像面貌。同是四大文明古国之一，这两个国家在殖民时代都遭受到了来自欧洲列强的侵略和瓜分。作为殖民时代的牺牲品，几经流转的敦煌文物的一部分流落到了印度，其中，一部分藏于印度国家博物馆，一部分藏于印度事务部图书馆。

1. 印度国家博物馆

同样地，流落印度的敦煌文物也是斯坦因所带走的那一部分。因为当时印度是英国在亚洲地区最大的和建立较早的一批殖民地，所以它承担了从中国至英国的中转站这一职能。也正因为如此，不可避免地有一部分敦煌文物会遗落在印度。遗失在印度的敦煌文物主要藏于印度国家博物馆。由于斯坦因三次中亚探险的经费中第一次由英国负担，第二次和第三次均由英、印两国分担，所以，斯坦因第二次与第三次所获的中国古代珍贵的文物资料也由英国与印度均分。其中，第二次和第三次所获得的敦煌文物文献部分由斯坦因带回英国，印度留下少量样本；而绘画及其他文物归印度所有，英国只留下少量样本。这些少量的文献和文物原本收藏于印度的中亚古物博物馆，但是在 1958 年的时候，中亚博物馆被合并为国家博物馆的一部分，所以这一批少量的敦煌文献和艺术品就此辗转来到了印度国家博物馆。但是，印度的这批藏品从未经过系统的整理，所以除了一些公开展出的作品，该馆所藏的敦煌文献和艺术品的全貌从未被外界所知。这批艺术品主要是壁画、绢幡画、木雕、陶制小雕像、钱币、陶瓷器、皮制

印度国家博物馆

印度国家博物馆所藏敦煌遗画（局部）

品、玻璃、金银制品等，同时有不少的佉卢文木简也在这里。虽然当时斯坦因本人所著的《西域考古记》记录了 1100 件藏品，但是由于当时并没有区分哪些是印度所有、哪些是英国所有，所以印度所藏敦煌文物的数量至今仍不确定。今天在印度国家博物馆中，有少量的敦煌壁画在展出，其中，那些保存完好且制作精美的壁画一直被人们津津乐道。

2. 印度事务部图书馆

说到英国在印度的殖民，不得不提的就是印度事务部图书馆。该馆创建于 1801 年，最初是英国东印度公司为保存该公司和其他人士所获得的东方书籍和写本而设立的。1858 年，随着公司权利和财产移交政府所有，该馆转归新设立的印度事务部管理。1947 年印度与巴基斯坦成立，该事务部归联邦对外关系部所属。因此，该事务部既是一个对公众开放的专业图书馆，也是为负责印巴事务的政府官员提供参考资料的政府机构。1982 年，该部转归英国图书馆参考管理部管理。1991 年与英国图书馆东方部合并为东方与印度收集品部，他的藏品与原来的东方部有所不同，其中，斯坦因三次中亚考察所获文献资料中与印度有关的梵文、于阗文、藏文、吐火罗文等文字的写本都收藏在这

斯坦因著《西域考古记》

里，特别是这里面的敦煌藏经洞的古藏文写本，是最具有研究价值的藏品之一。1914 年，斯坦因邀请比利时佛学家瓦雷·普散为敦煌藏文写卷编目。这位佛学家编好了 765 号藏文佛典的目录，但是一直到 1962 年，牛津大学出版社才将他的《印度事务部图书馆藏敦煌藏文写本目录》出版。该书将敦煌的藏文写本分为律、可考梵文名的佛经及注疏、可考汉文或藏文名的佛经、怛特罗文献等 10 类，书后还著录了 136 件写在藏文或于阗文背面的汉文文献，包括佛经、佛教文献和文书、道教文献、世俗文书、杂文等。从这些目录上我们基本可以了解印度事务部原藏的敦煌文献的大致的内容。印度事务部所藏的都是一些非汉文的文献材料，因此这一部分文献也常常被忽略。尽管早在 1961 年，历史学家陈寅恪先生就建议当时的中国科学院购买印度事务部图书馆所藏敦煌藏文写本胶卷，但是由于种种原因，陈寅恪的建议未被采纳，所以国内的大多数学者在很长的一段时间内都没有见过这批宝贵的资料。而在日本，20 世纪 60 年代初的时候就购买了这批胶片，日本的研究者也早就对这一批珍贵的材料进行了充分的利用。

二、“秘藏于私家”

对于敦煌藏经洞的文物，有一些学者们认为，敦煌藏经洞的文物是当时寺庙的僧人经过艰难跋涉，历时几十年，从全国各地收藏而来。今天，我们已经无法猜想这些无名的僧人们是在怎样的情况下收集和传抄这些经卷的，但是我们却清楚地知道，它是怎样被偶然发现，又是怎样一步步走失和遗落的。藏经洞里的文物，就像散入天幕的满天星辰一样，散落于世界的各个地方。他们或在大英博物馆、吉美博物馆、艾尔米塔什博物馆等大型的博物馆内供参观者瞻仰，或在英国国家图书馆、东京国立图书馆、大谷大学图书馆等大型图书馆内供学者研究，或许在至今还不知道名字的某个私家藏书室里等待世人的发现。

自从敦煌文献不断受到重视以来，很多博物馆和图书馆的敦煌文献已经被进行了专业的整理和出版。但是，敦煌文献还不仅仅散落于这些国家性质的博物馆或图书馆中。有一小部分的敦煌文献在运送或传递的过程中，流落到了民间。这批民间收集品数量虽少，但其中不乏许多精品，因为收藏这些文献的主人，或多或少都是一些专业的文人或研究者。

（一）私家收藏之首——中村不折之书道博物馆

日本的书道博物馆是日本最出名的私家藏书博物馆之一，坐落于日本东京，面积看起来不是很大，由庭院与楼房组合而成。据说，这是日本私家收藏敦煌吐鲁番文献最多的博物馆，其主人叫中村不折，是日本一位著名的书画家。中村不折年轻时在欧洲学习油画，在法国留学四年后归国。1895年，中日甲午战争爆发，中村不折在此次战争中任从军画家，在机缘巧

书道博物馆

合下，他获得了一册《淳化阁帖》，从此开始了他的中国书画收集生涯。在他的收集品中，敦煌和吐鲁番的古代文献，作为古代书法的遗品，是中村不折的大力收集对象。经过多年的努力，他陆续获得了晚清任职新疆、甘肃两地的官员王树枏、梁玉书、孔宪廷等人所收藏的敦煌吐鲁番文物。同时，他还从不少日本的收藏者那里获得了不少关于中国西域的文献。1936 年 11 月，中村不折将自己的住宅创立为博物馆，展出他所收藏的敦煌文献和吐鲁番文献以及其他中国古代文物。

当然，中村不折的所有藏品中，敦煌遗书只是其中的一部分，甚至有的文献不是藏经洞里原来所藏的，而是在敦煌当地所出土的文献。但是同样作为海外流失的文物，这批文献与敦煌藏经洞的文献一样，拥有不可估量的巨大价值。1962 年，我国商务印书馆编辑出版《敦煌遗书总目索引》，在该书中，载录了一份《日本人中村不折所藏敦煌遗书目录》，列为散录第十二，共著录 0746—0909 号敦煌文献。2000 年，书道博物馆归属于东京市台东区的公立博物馆。同时日本东北大学整理出版了《台东区立书道博物馆所藏中村不折旧藏禹域墨书集成》一书，该书按照顺序将书道博物馆所藏全部敦煌吐鲁番文献影印了出来，使得我们对中村不折所藏的敦煌吐鲁番文献的内容有了一个全面的了解。

书道博物馆所藏敦煌吐鲁番文献的内容包括：中原传统典籍，像与《汉书》相关的写本残片；其次是佛教典籍，像《大乘二十二问》《维摩经疏》《律抄》《礼忏文》《佛说父母恩重经》等佛经抄本残片；道教典籍，像《老子道德经序诀》《老子道德经》《抱朴子》《南华真经》等。除了宗教典籍，还有一些史书典籍，像《春秋左氏传》《三国志》等片段。另外，还存有《郑注论语》《搜神记》等典籍的片段。这些源于 5 世纪到 10 世纪间的写本，应该也是当时寺院收藏的典籍。它们保留了典籍较为原始的面貌，具有一定的文献校勘价值，同时也展示出中原与西域各国之间密切的文化交流与联系。

（二）个人收藏之最——李盛铎之木犀轩

李盛铎

李盛铎，字义樵，又字椒微，号木斋，江西九江人，清末的政府官员。生于1859年，卒于1934年。曾任翰林院编修、陕西巡抚、出使各国政治考察大臣等职位。民国后又任大总统顾问、参政院参政、参议院议长等职。木犀轩是李盛铎家藏书的号堂，大约建于李盛铎曾祖父李恕时。李恕是道光时的贡生，最喜藏书，因此建立藏书堂“木犀轩”于江西九江谭家坡，那时候藏书就已经达到十万卷。但是后来太平天国起义，李盛铎祖父所藏书几乎被烧尽。因为藏书的传统，到李盛铎父亲时，又开始陆续搜罗古籍，继续着家族的藏书事业。

李盛铎是清末很有名望的藏书家，在他的藏书中，有许多宋元明的珍本和善本。在他出使日本期间，在日本的目录学家岛田翰的帮助下购买了许多善本，很多是日本和朝鲜的古刻本、活字本和抄本书，这些书在国内很多都已经亡佚。李盛铎四处搜罗购买各种典籍，使得木犀轩的藏书日益丰富，最终达到9000余种、58000多册，其中，一些敦煌遗书也成了李盛铎藏书的一部分。

1910年，在敦煌藏经洞被发现的第10个年头，国内的一部分学者终于意识到了藏经洞文献的价值。于是，清政府下令，将敦煌藏经洞剩余的文献押送回北京，负责运营事务的官员是何彦升。这位何彦升是李盛铎的儿女亲家，所以，这批没有经过装箱也没有经过仔细清点的敦煌文书在到达北京以后，不是直接进了图书馆，而是被直接拉到了何彦升之子何震彝，也就是李盛铎的女婿家中。这批敦煌文献在何震彝家放了三天。在这三天之中，李盛铎、刘廷琛以及另外的一些清朝官员把敦煌写经卷重新挑选了一遍。后来的学者猜想，以李盛铎的学识和眼光，这批已经被伯希和挑选过一遍的经卷再经由他筛选一遍，应该是把其中的精品都挑选得差不多了。对于李盛铎究竟挑选出来多少经卷，后来的学者很难有一个确定的数字。敦煌学者荣新江曾经这样评价他的藏书："他精通版本目录之学，所得多为佛经以外之四部典籍、景教文献及公私文书、数量质量均堪称私藏敦煌写卷第一家。"然而，这些被称为精品的敦煌经卷最终以 8 万元的价格卖到了日本，总计数量达到 432 卷。自从被卖出之后，这批经卷就没有了消息。有人说，李盛铎所藏的写经至今仍完好无损地保存在某个藏书家手中，但始终不知道这批敦煌写经卷最终流向了哪个地方。但是，日本人并没有全部买走李盛铎所藏的敦煌经卷。在民国年间，李盛铎的女儿也卖出了 200 多卷给国民政府的中央图书馆。照此数目，李盛铎当年私藏的敦煌写卷应该至少有 600 多卷。这批珍贵的敦煌文书本来是有机会留在国内的，但是最终也难逃流失海外的命运，除了现存于台北的那一部分外，我们仍然需要到异国他乡去寻访这批敦煌文书的身影。

"我的心曾乘着风啊，自由穿行梦想里啊。我沉默地祈祷啊，感受着你的光芒。感觉着你的神奇，感觉着你的平凡。此刻这一番的宁静，是因为你在心里。"有游人在绝美的敦煌莫高窟前吟唱这样的歌曲。"我好恨，恨我没早生一个世纪。使我能与你对视着站立在阴森幽暗的古堡。晨光微露的旷野，要么我拾起你扔下的白手套，要么你接住我甩过去的剑，要么你我各乘一匹战马，远远离开遮天的帅旗，离开如云的战车，决胜于城下。"有人望着空空的藏经洞忍不住吟诵这段文字。敦煌使我们每一个中华儿女感到骄傲，而敦煌藏经洞却使每一个中国人感受到屈辱。每一件在异国展览馆里陈列的敦煌经卷，都在提醒着我们：保护我们的文化遗产是我们义不容辞的责任。

第三章　纸承千载：海外敦煌文本（上）

“中国学”之史料，自20世纪以来，有四大影响重大的发现，其中包括：殷墟甲骨文字、流沙汉晋简牍、内阁大库档案以及敦煌藏经洞遗书。其中，又以藏经洞遗书的发现最为重要。这批时间跨度从南北朝至宋初，数量多达5万多件，内容几乎涵盖了社会方方面面的珍贵文献，在中外学界引起了巨大的轰动。后来由于国家的动荡不安，当局缺乏文物保护的意识，大部分的珍贵的敦煌文献和美术品流失到了海外。这些一千多年前的写卷和帛画，反映了各家典籍在当时社会的一个原始面貌，也揭示了中国传统思想的一个基本情况。儒家的“修身治国平天下”、道家的“无为清净远尘世”；史官在客观中正地描摹宫廷王朝的血雨腥风图，学子在放荡不羁地吟唱“休将舜日被尧年”；衣冠简朴古风存的社会民生，公私仓廪俱丰实的经济贸易，都隐藏在这批残堆故纸中。

敦煌，是一个文明的奇迹，而敦煌遗书，是这文明奇迹的载体。它承载了敦煌千年凝固的历史，也散发着敦煌流动的神韵。从千年前默默无闻的抄卷人，到今天蜚声世界的敦煌学家，文化总是这样一种奇妙的东西，总在千丝万缕中将历史与当下相连。这批千年的遗书，今天仍然散发着他们辉煌而强大的生命力。

一、兼济天下善其身——儒家典籍

虽然说敦煌遗书中大都是佛经、道经以及社会经济文书，但是儒家典籍还是在其中占有一席之地。从孔子删诗书、定礼仪，再经过汉武帝的“罢黜百家，独尊儒术”的政策以后，儒家在封建社会时期的正统地位便被确定了下来。数千年以来，儒家已经成为中华文化最重要的部分，直到如今，仍深深地根植于每一个中国人的血脉之中。敦煌遗书中的这一批儒家典籍，包括《周易》《尚书》《诗经》《礼记》《左传》《论语》《孝经》《尔雅》等，这些儒家经典，深刻地体现了当时士子们修身齐家治国平天下的毕生修养和志向。

（一）格物致知，意诚心正

《周易》是群经之首，千百年来被奉为不可变更的金科玉律。作为中国传统思想文化中自然哲学与人文实践的理论之源，《周易》是古代汉民族思想、智慧的结晶，被誉为“大道之源”。《周易》本是占卜之书，记录了早期社会人

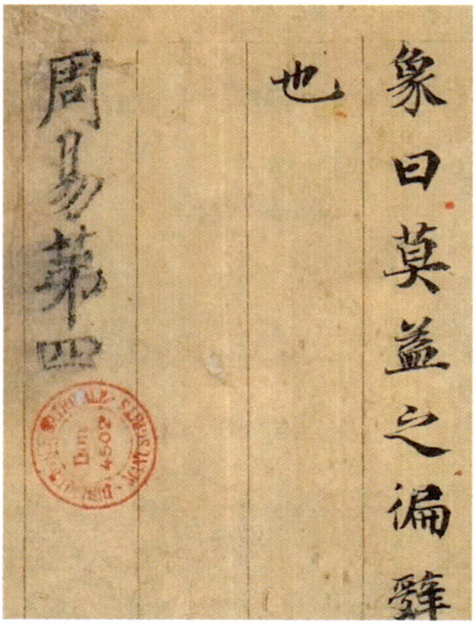

敦煌遗书《周易》

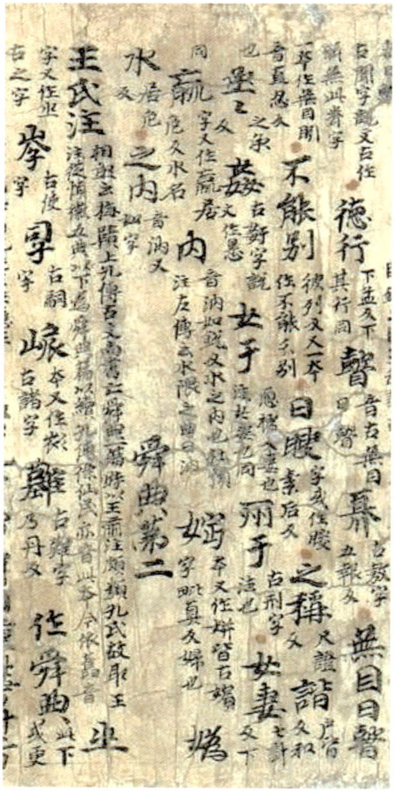

敦煌遗书《尚书·舜典》

们对自然现象与社会人事的认识，后来经过儒家士人的不断注解和阐释，最终成为儒家的不刊之论。儒家对《周易》的不断阐释的过程，也即他们对宇宙自然的不断探索和对新的社会不断认识的过程。敦煌藏经洞出土的《周易》共有 24 号写卷，大致有三类：一是王弼的《周易注》，涉及《周易》33 卦的内容，记载完整的多达 22 卦。这对于纠正世传本的错误，探寻王弼注本的原貌，具有重要的意义；二是孔颖达的《周易正义》，其为今存唯一的唐五代时期的单疏本《周易正义》，其文献价值是不可估量的；三是陆德明的《周易释文》，这是今所能见到的《经典释文》最早的材料，它不仅抄写时间早，而且所存内容多，对于《经典释文》的文本研究具有重要的价值。

敦煌本的《尚书》是目前我们能够看到的最古的版本。“尚书”，顾名思义，就是上古之书，是中国上古历史文献和部分追述古代事迹著作的汇编。敦煌本的《尚书》有 52 个卷号之多，这些卷号涉及的《尚书》篇目有 36 篇之多，接近现在流通的《尚书》文字的一半，包括《尚书》中的《尧典》

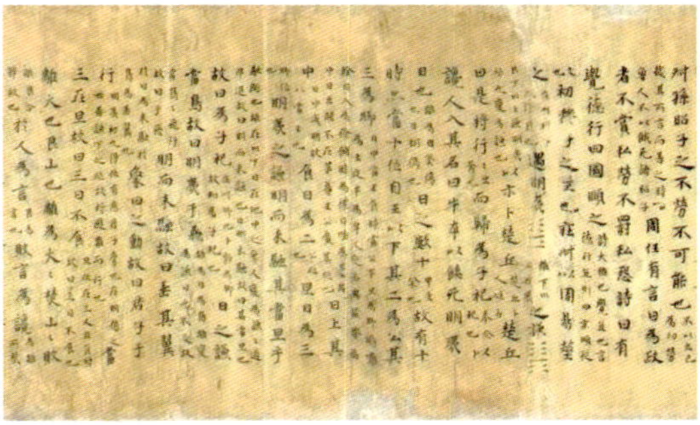

敦煌遗书《尚书》

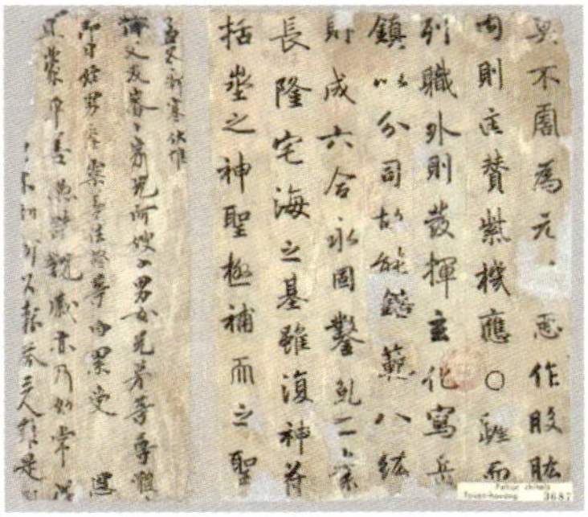

敦煌遗书《尔雅》

《舜典》《大禹谟》《禹贡》《盘庚》《洪范》等篇目。这批《尚书》写卷的抄写时代从六朝至唐朝都有，对于我们研究《尚书》的版本问题、校勘世传本《尚书》的经文、词语的缺失错误具有重要的作用。

儒家的经典之一《尔雅》，是中国最早的词典，是辞书之祖。从《尔雅》的分类类目——释诂、释言、释训、释亲、释宫、释器、释乐、释天、释地、释丘等篇目可知，《尔雅》一书也体现出不断外向求知的过程，不断地探求事物的原理、从而获得智慧的过程。格物致知，然后才能意诚心正。不断地认识世界和社会的本源问题，获得智慧，是儒家思想最基础的部分，它表现出儒家学子孜孜不倦的探求真理的一面。虽然《周易》和《尔雅》所体现的儒家思想远远不止“格物致知”这一点，这只是最基本的一方面，但是儒家的格物致知的探究精神却在这里体现地淋漓尽致。

“大学之道，在明明德，在亲民，在止于至善……古之欲明明德于天下者，先治其国；欲治其国者，先齐其家；欲齐其家者，先修其身；欲修其身者，先正其心；欲正其心者，先诚其意‘欲诚其意者，先致其知；致知在格物……”这是《礼记·大学》篇目中的一句话。“格物致知”是儒家认识社会和宇宙的手段，“意诚心正”是一个儒家学子进步的道德修养，“修生齐家”是将理论落实到实践的一步，“治国平天下”是儒家思想最终的落脚点，“穷则独善其身，达则兼济天下”是千百年来士人所共同追求的理想和行事标准。

（二）修身齐家治国平天下

敦煌遗书中所收集的儒家典籍大多是儒家“十三经”里面的书目，像《礼记》《论语》《诗经》《孝经》等。据传，《礼记》是孔子的七十二弟子及其七十二弟子的学生所作，由西汉礼学家戴圣编辑，所以《礼记》又称《小戴礼记》。该书是中国古代一部重要的典章制度选集，共二十卷四十九篇，主要记载先秦及周时的一些礼制。敦煌文献中不仅有记载礼节条文的内容，更有如编号为P.2500的《礼记注（檀弓下）》这样阐述周礼意义的部分。该书集中体现了儒家的哲学思想、教育思想、政治思想、美学思想等，其中，《大学》一篇明确提出“修身齐家治国平天下”的政治理想。

《论语》一书，主要记录了孔子及其弟子的言行，比较集中地体现了孔子的政治主张、伦理思想、道德观念及教育原则等。敦煌遗书中所收录有关《论语》的篇目包括：《论语·术而》、郑玄的《论语注》（八佾、雍也、乡党）、何晏的《论语集解》（序、学而、为政、八佾、里仁、公冶长、太伯、子罕）等片段。此外还有黄侃的《论语疏》、无名氏的《论语摘抄》《论语音》等。古人说：“半部《论语》治天下。”在汉朝的时候，《论语》就成了官学或私学的专用教科书。作为记录孔子言行思想的重要典籍，两千年以来，《论语》一直是中国大小课堂上被传授的教材。“学而时习之，不亦说乎？有朋自远方来，不亦乐乎？人不知而不

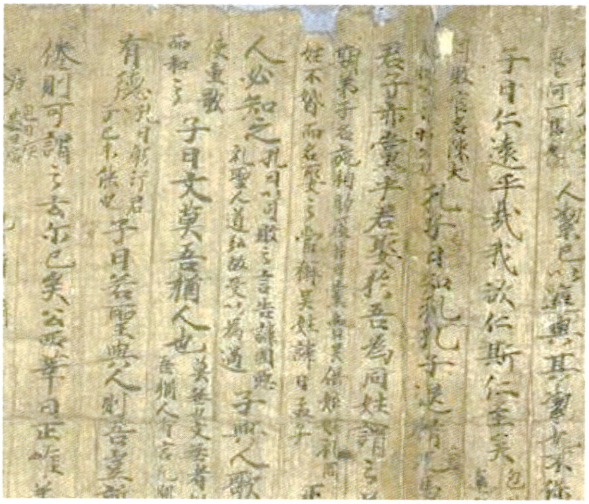
敦煌遗书《论语》

愠，不亦君子乎？”“子贡曰：诗云‘如切如磋，如琢如磨’。”“子贡曰：‘夫子温、良、恭、俭、让以得之。’”今天，这些熟悉的内容仍然会出现在语文课堂上。《论语》已经成为我们今天研究孔子思想的最主要的依据，而其中所包含的道德准则也早已成为中国传统文化的基石。敦煌写卷中的儒家经典里，《论语》的残卷数量是最多的，约占三分之一。这些卷子虽然没有精美的抄写，有的甚至是学童的字迹。但是这一批珍贵的抄本《论语》的出现，不仅表现了《论语》这本儒家典籍在历代的重要性，更为我们研究《论语》在当时社会的接受情况、敦煌的教育制度和唐代的科举制度提供了珍贵的史料。

《孝经》是一部论述封建孝道、孝治以及封建宗法思想的主要著作，是十三经中最短的一部。因为其内容的简单易学和所表现思想的重要性，两千年来，《孝经》已经成为社会上传播范围最广的儒家著作。但是，后来《孝经》在流传的过程中产生了不同的版本，这些不同的《孝经》本子在流传的过程中很多已经亡佚了，今天我们已经看不到古代通行的很多《孝经》的版本。据传，孔安国曾为《孝经》作传，郑玄曾为刘向本的《孝经》作注，但后来这些版本都被淹没在了历史的洪流中。而在藏经洞所出土的敦煌文献中，我们发现了郑玄的《孝经注》和唐玄宗的《御注孝经》，还有一些佚名的《孝经注》《孝经解》《孝经疏》《孝经赞》，等等，这为我们研究《孝经》提供了重要的资料。

敦煌遗书中所残存的儒家典籍，都是儒家最基本和最核心的典籍。虽然这些文献在现在看来就是一些不起眼的残卷，但就是这些残卷，承载了当时儒家学子们的思想和知识。他们格物致知，对知识和智慧始终不断追求；他们修身齐家，努力地成为一个合格的士人；他们治国平天下，坚守着儒家学人最诚挚的梦想……这些都体现在这些歪歪斜斜的字体中。帝王对儒家的重视，士子对典籍的崇奉、百姓忠孝的意识也都藏在这些字迹不同、笔墨各异的儒家抄本中。

二、留得青史载功名——正史评说

“以铜为镜，可以正衣冠。以史为镜，可以知兴替。”前事不忘后事之师。历史对于一个国家、对于一个民族，乃至于一个文明的重要性，是不言而喻的。要了解一个国家、一个民族的前世今生，就必须要从历史中去找寻。王朝的兴衰更替，家族的盛衰荣辱；王侯的雄图霸业，百姓的柴米油盐；城市的潋滟风光、乡村的鸡鸣狗吠；都被史官刻写在了青简之上。

古代的人们早就认识到了历史的重要性。司马迁以“究天人之际，通古今之变”为《史记》之编纂目的。上古的君王专门有记史之官。右史记言，左史记事；言为《尚书》，事为《春秋》。源远流长的治史和修史传统，使我国的史家典籍非常丰富，正是这些珍贵的历史文献的传递，才能让我们了解到几千年前的中国社会的大致面貌，舜分九州、鲧禹治水、商王誓师、盘庚东迁等神话和历史传说，也得以流传下来。

（一）三皇五帝的神话

敦煌遗书中就含有大量珍贵的史家文献。这些史家文献种类丰富，内容庞杂，包括正史、编年、儒家人物传记，以及含有儒家思想或儒家伦理道德内容的一些图谱、族志、地理、诏令、奏议、刑律等。正史的文献主要有《史记》（编号 P.2627）、《汉书》（编号 P.2485）、《三国志》（敦研 287 号）、《晋书》（编号 P.3481、S.1393）。编年类文献有《晋春秋》（编号 P.2586）、《春秋后语》（P.2569、S.713）等。传记类文献中，主要有《孝子传》（编号 P.2621、P.3536、P.3680、S.389V）、《孝友传》（编号 S.5776）、《忠臣传》（编号 S.6271）、《敦煌氾氏家传》（S.1899）等。谱牒、族志类文献中，主要有《沙洲古事纪年》《天地开辟以来帝王纪》（编号 P.4016、S.5785）、《唐朝年代纪》（编号 S.2506、P.2810）、《汉至唐年代纪》（编号 S.2552V）、《瓜沙两郡大事记并序残卷》（编号 S.5693、P.3421）、《敦煌名族志残卷》（编号 P.2625）等。

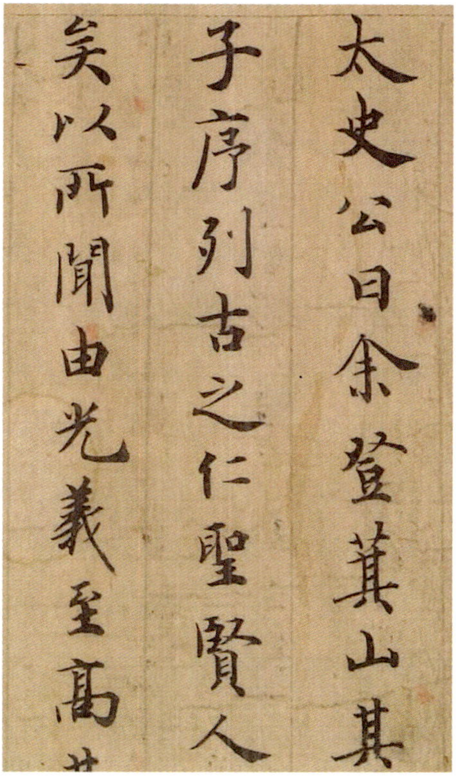

敦煌遗书《史记》

敦煌遗书中所存的史家文献大多只是这些书目里面的片段和残语。但是就算是断片残语，仍旧为我们研究敦煌当时的历史状况以及一些正统的史家典籍在敦煌当地的接受情况，提供了重要的线索。《史记》的残卷只有一件，学者通过对该残卷里面的避讳情况推测出该书大约抄写于唐初。该残卷所用的抄写形式，与日本现存的《古写本殷本纪》相同，所以，该残卷是现存的最古老的《史记》的抄本。通过对这些遗书的整理，我们还可以纠正现存《汉书》《晋书》等书中的一些记载性的错误，同时也可以最大限度地丰富史料。

在所有的史料文献中，有一本保存比较完整而且在后世流传中并不见此书的名录的书，该书就是《天地开辟以来帝王纪》。《敦煌学大辞典》中把该书列为年表性质的提要史书，“始于天地开辟的传说，中间记三皇五帝的故事，终于殷周，约三千字，似供童蒙诵习之用”。这本书记载了盘古开天辟地以来的各种远古传说，包括三皇五帝的故事，还夹杂了许多民间、佛教传说或神话。该书以问答体的形式展开，例如，“问曰：须弥山下，广长周匝，里数几许？答曰：须弥山高三百六十万里，下有海水三百三十六万里……”虽然《天地开辟以来帝王纪》所记载的一些神话和民间传说与后来所流行的神话传说不一致，但是，这些不同恰恰反映了敦煌当地的地方特色。现在看来，这本保存比较完整的写卷对当代具有重要的历史价值。首先，该写卷中提到了很多名称和事物的来历。“一百二十子各认一姓”说明了姓氏的来历；“地皇之时，有一身一头，兄弟十一人，治经一万年，遂即灭矣。后人于是法之，以十一月为冬至”说明了冬至的来历；“伏羲用树叶覆面，女娲用芦花遮面，共为夫妻。谨人交礼，戴昌妆花，因此而起”说明了婚礼习俗的来历。其中，对于酒的来历，也讲了一个很有意思的小故事：古时候，康桂家有一个盗贼名叫吉利，有天晚上，他去农田里面偷盗别人家的麦粟，并且将偷来的麦粟藏在树洞中。过了五六日后，这些麦粟就在树洞中发芽了。恰恰天又降了一场大雨，将树洞中发芽的麦粟淹没了。又过了五六日，树洞里传出了一阵香味儿，这个盗贼就饮用了树洞里的水，结果就变得神志不清。但是，有德行的君子饮用这里的水，就感觉身心潇洒自如。于是，后来人们就效仿着这样的方法造出了酒。这些有趣的故事和问答，体现了当时人们对于自然物和传统风俗习惯的认识。其次，《天地开辟以来帝王纪》记载的神话资料中有对地理方域的介绍，如阎浮提国、瞿耶尼国、郁单越国等，还有对于其他人种的介绍，如女国、狮子国等。其中对于伏羲、女娲故事的介绍，也与后世的通行说法略有不同。“伏羲、女娲因为父母而生，为遭水灾，人民尽死，兄妹二人，依龙上天，得存其命。见天下荒乱，惟金岗（刚）天神，教言可行阴阳，遂相羞耻，即入昆仑山藏身，伏羲在左巡行，女娲在右巡行，契许相逢，则为夫妇，天遣和合，亦尔相知。伏羲用树叶覆面，女娲用芦花遮面，共为夫妻。令人交礼，戴昌妆花，因此而起。怀娠日月充满，遂生一百二十子，各认一姓。六十子恭慈孝顺，见今日天汉是也。六十子不孝义，走入从野之中羌敌（氐）六巴蜀是也。”这些神话传说，表现了中古时期人们的神话观，扩大了人们的认识范围，也开启了人们的想象空间，还反映出当时他们对边缘地区少数民族的一种认知和看法。《天地开辟以来帝王纪》一书反映了当时敦煌地区人民社会生活的实际状况，我们由此可以窥探出当时的敦煌人民对于世界的认识和他们真正的思想水平状况。

（二）文臣武将的传奇

自司马迁开创纪传体传统之后，记载历史人物就已经成为我国的史书典籍的一个重要部分。在留存下来的敦煌残卷中，像《汉书》《晋书》等，都是人物传记的残篇，而《孝子传》《孝友传》《忠臣传》《敦煌氾氏家传》等所记述的基本都是人物传记。《汉书·王莽传》记载了东汉与西汉之间新朝的创建者王莽一生的功过是非。《晋书·何曾传》记载了士人何曾一生的故事。《孝友传》和《忠臣传》记载的都是以“孝”为世人所称赞和以“忠”为百姓敬仰的普通人物。《敦煌氾氏家传》则记载了敦煌当地的大姓望族氾氏一族的盛衰荣辱。虽然《汉书》《晋书》《孝友传》《忠臣传》都是残卷，但是这些文献对于学者研究《汉书》《晋书》等在唐朝的流传情况和当地人民的基本思想有重要价值。

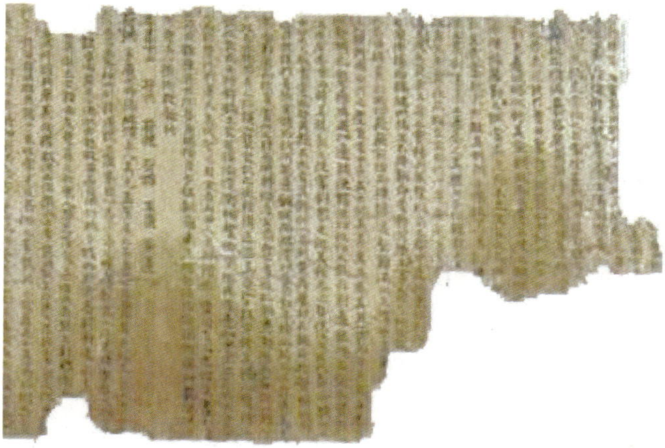

敦煌遗书《晋书》

相比较来说，《敦煌氾氏家传》的保存状况相当完好，对于我们认识从汉至唐的敦煌边疆的诸多问题具有重大的意义。根据《敦煌氾氏家传》记载，氾氏本来姓凡，因为世代居住凡国而得名（凡国在今河南辉县）。凡国是周王室的封国，所以凡氏出自皇帝的支庶，是帝喾的苗裔，周公之子凡伯夏的后代。后来遭到秦时的兵乱，避祸于氾水，因此改姓为氾。氾氏家族在迁入敦煌以后，不断地发展家族的势力，氾氏家族也逐渐成为敦煌当地的一个大家族。据《敦煌氾氏家传并序》（编号 S.1889）记载，氾氏家族的人深谙经纬、史学，并以孝廉闻名，所以在东汉时期，氾氏家族是敦煌著名的以经学传家的儒学名族到了西晋至北魏时期，敦煌氾氏的势力持续壮大，出了很多德才兼备的高官。如："氾绩，字弘基，昭武令先之吉孙也。绩有名称，博学有才度，族叔上洛太守毗拊其首曰：'汝，吾宗千里驹也。'历事三朝，士有服其清亮。举秀才，为郎中，迁中部谒者。"如："氾曼者，晋时凉人也。性沉邃有志行。凉王举秀才，拜临津都尉……其母丧，至诚泣血，毁髓过礼。"氾氏因为好学博物，又精通儒学，为人方正，性格刚正，因此家族子弟几乎世代为官。十六国时期，敦煌氾氏继续在敦煌发展，活跃在各个割据政权之下。氾瑗是前凉政治中的主要人物之一，被称为前凉皇帝的肱股谋主。西凉政权当政时期，氾氏家族被作为敦煌的望族被纳入到西凉的政权之下。氾氏家族的子弟曾一度被委任为"宁远将军""西郡太守"等。在军阀混战、割据并行的敦煌，氾氏家族甚至占有一席之地，可见当时家族的势力之庞大。在北朝时期，氾氏势力虽然有所衰落，但并没有因此中断。入唐后，氾氏家族的势力曾经一度沉寂，但是家族势力还是存在，只是在敦煌当地担当一些小官小吏。到了吐蕃时期，氾氏家族的氾国忠在敦煌发起了一次反吐蕃统治的起义，这次起义意义重大，影响深远，拉开了敦煌人民反吐蕃的斗争。后来敦煌当地的政权基本掌握在了归义军手里。到了归义军政权时期，氾氏家族再一次壮大了自己的势力。氾氏在归义军节度使衙内以及地方机构中担任职务的人员大量增加，僧界中也有诸多的氾氏子弟担任要职。纵观整个氾氏家传可以发现，与李氏、曹氏、王氏等其他家族一样，敦煌氾氏与敦煌政权的发展之间存在着密切的联系。一本《敦煌氾氏家传》，为我们研究敦煌地区政权的变化、理清归义军的发展历史以及氏族与政权之间的关系，提供了重要的史料，而氾氏家族杰出的文臣武将们的一生，也通过一本家传表现了出来。今天透过这些斑驳模糊的字迹，我们仿佛仍能看见那个动荡不安的西域：藩镇割据、军阀混战、人民困苦。历史的硝烟虽然已经沉寂，但是只要翻开这些遗留的史传典籍，我们就仍然能够听到历史洪流中回荡的铁马嘶鸣。

三、九流争鸣百家现——诸子理论

中国历史上曾经出现了这样一个时代：天下礼崩乐坏，群雄逐鹿，战乱纷起。周天子不再有“普天之下，莫非王土。率土之滨，莫非王臣”的威信，前有春秋五霸，后有战国七雄，天下一直处于一种动乱纷争之中。然而，就是在这样一个动荡不安的社会，我们的思想文化却迎来了第一次大繁荣和大解放。天下所有的事物都没有一个统一的标准，各诸侯国都想方设法以变革图强，这些变法图强和百家思想的峥嵘是分不开的。动荡的社会给思想和文化提供了足够自由发展的空间，一时之间，学派林立、群家并起，著书立说，游说论争，儒家、墨家、道家、法家、农家、阴阳家、纵横家、杂家、兵家等同时兴盛，最终形成了百家争鸣的局面。有人说，几乎至今所有的传统思想都来源于这个伟大的时代，这一时期也随之产生了很多思想文化的巨人，像老子、孔子、孟子、庄子、荀子、墨子、孙子、韩非子等，他们不仅仅拥有深邃的思想，还身体力行地实践他们的思想，他们的思想也最终通过著书立说和兴办私学的方式流传了下来。藏经洞的敦煌遗书中所保存的这一批诸子的文献，是六朝至宋初时人们所学习、认识的诸子文献以及他们自己著述的文献。虽然也只是一些不完整的抄写残卷，但对于我们现在对各家学说的研究有着重大的价值。

（一）居庙堂之高的“实干派”

儒家士子的终身信条就是修身齐家治国平天下，所以我们说儒家是居庙堂之高的“实干派”。敦煌残卷的儒家典籍除了在第一小节中我们介绍的各种经典外，敦煌残卷还保存了一批蒙书，即士子启蒙的书籍，还有《家语卷第十》（编号 S.1891）及《说苑·反质》（编号敦研 328）。古人将 8 至 15 岁称为“蒙养阶段”，此阶段所用的书都称为蒙书。蒙书的基本内容贯穿着儒家所提倡的仁、义、礼、智、信、忠、孝等思想，让士子在孩童时代就能感受和学习儒家伦理观念和中国传统思想。敦煌遗书中经过整理的蒙书现今有40种，近400件。其中，启蒙类文献有《千字文》《开蒙要训》《百行章》《孔子项托相问书》等，家训类的文献有《太公家教》《武王家教》《辩才家教》《新集严父教》《崔氏富人训女文》等。启蒙类的文献是最基础的，也是孩童最先接触到的书籍。像家喻户晓的《千字文》，易读易记，而且对偶押韵，内容涉及天文地理、人物掌故、伦理道德、处世原则等，是儿童识字的必读教材。除了学校的教育外，家庭教育也是中国古代蒙童教育的途径之一。家教的内容，就是家长通过对人生经验的总结，对子弟们进行读书、处世、勤俭持家等方面的教育，如《太公家教》。《太公家教》是我国现存的格言谚语类家训蒙书，一些经典的要义和故事，经过格言和谚语方式的加工，就变得朗朗上口起来。《太公家教》一书在敦煌当地十分普遍，所以敦煌遗书中遗留的卷子也相对完整。这些家训启蒙书的出现，反映了当时家庭教育所扮演的角色和演变发展过程，对于我们了解当时的启蒙教育和家庭教育有着重大的意义。

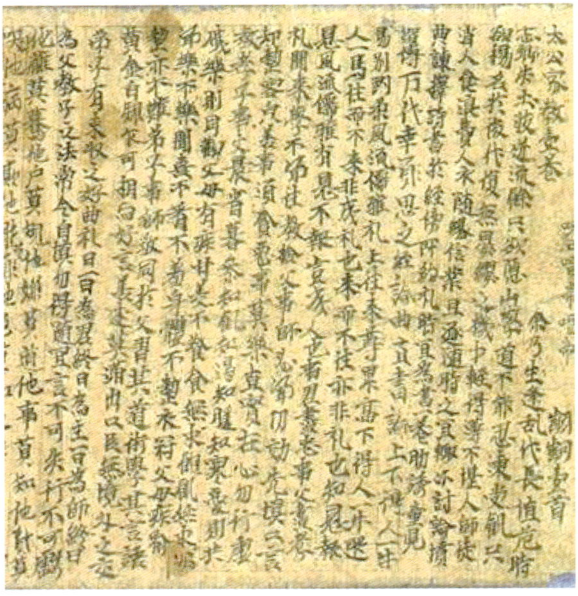
敦煌遗书《太公家教》

除了儒家，同样是入世的诸子中还有法家、兵家、杂家，等等。敦煌所保存的法家著作非常少。只有两件《治道集》写卷（编号分别为S.1440、P.3722）。

《治道集》是隋代李文博所撰，初著有十卷，然而此书并没有流传下来。根据《旧唐书·经籍志》和《新唐书·艺文志》将该书归类于子部法家类，所以该书应该是关于法家的书。今天敦煌遗书所遗留的《治道集》残卷，即世上仅有的《治道集》之佚文。敦煌所存的兵家文献仅有四件：《太公六韬》残卷（编号 P.3454）、《兵阵》（编号 P.4837A）、《黄石公三略》（编号俄敦 17449）、《吴子》（编号 S.11507B）。《太公六韬》大约成书于战国末期，是中国古代先前时期著名的黄老道家典籍《太公》的兵法部分，其内容博大精深，是古代军事思想精华的集中体现。《黄石公三略》也是中国古代著名的兵书，与《太公六韬》齐名，是一部糅合了诸子各家的思想，专论战略的兵书，侧重于从政治策略上阐明治国用兵的道理。南宋晁公武曾评价此书："论用兵机之妙、严明之决，军可以死易生，国可以存易亡。"敦煌文献中所见的《黄石公三略》为目前所见到的最早的手抄夹注本，具有较高的研究价值。敦煌遗书中杂家类的文献主要是《淮南子》和《刘子》（残卷编号有 P.2546、P.3562、S.6029、S.12024、S.10441 等）。刘子，又名刘昼，北齐时期道家思想家，生活于南北朝分裂时期，当时正是国家阶级矛盾、民族矛盾异常尖锐的时期，所以他所撰《刘子》一书，针对当时社会的时弊，提出了自己治国安民的政治主张，渴望为国建功立业，施展个人的才华和抱负。

上述所列儒家、法家、兵家、杂家的残存文献，要么是教育读书人如何成为一个标准的儒家士人的教科书，要么是安邦治国的各种策略，无论如何，都体现了一种积极出世、报效家国、建立功业的思想。所以以儒家为代表，包括法家、兵家、杂家的文献，都是一派"实干家"的代表。

（二）处江湖之远的"生活家"

"穷则独善其身，达则兼济天下。"如果说以儒家为代表的"实干家"们是兼济天下的那一派别，那么以道家为代表的"生活家们"就是独善其身的那一

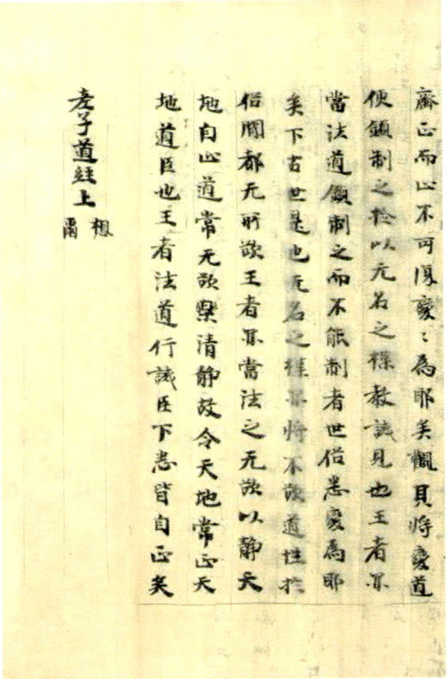
齋正而止不可復變變為耶矣觀其將變道
便鎮制之撿以無名之樸教誡見也王者亦
當法道鎮制之而不能制者世俗悉變為耶
矣下古世是也無名之樸亦將不欲道性於
俗間都無所欲王者亦當法之無欲以靜天
地自止道常無欲樂清靜故令天地常正天
地道臣也王者法道行誡臣下悉皆自正矣
老子道經上
想爾

敦煌遗书《道德经》

类型。

在中国，流传着一个“紫气东来”的故事，2500多年以前，一个把守函谷关的官员登高远望，发现有大片紫气从东而来，而紫气意味着有智慧之人的降临。函谷关的官员翘首以待，终于在关前迎来了一个骑青牛而来的老者，这位老者即将归隐，为了让老者的智慧继续留存于世，官员请求老者著书。这位骑青牛而来的老者就是老子，老子在此所著之书就是中国家喻户晓的《道德经》一本只有5000多字的书。《道德经》自出现以来，帝王将相、文人学者都陆续对其进行了注解，2000多年的时间里，《道德经》的注本数以千计。从先秦诸子到宋明大儒，在哲学思想上都受到《道德经》的影响。可以说，老子是一位伟大的圣人，《道德经》是一本深入中国人灵魂的经典。敦煌遗书中，就有大量关于道家的书目。其中，仅敦煌本《老子》写卷（不包括《老子道德经序诀》）就有78件，缀合后还存有52件。这些写卷的内容除了《道德经》的原文外，还包括了各家的注疏，像河上公注、想尔注、李荣注、成玄英疏、唐玄宗注疏以及其他佚名的注疏。在这些注疏中，有一部分注疏都是不见于传世的典籍的，因此具有极高的研究价值。作为道教的早期经典，《想尔注》利用和改造了渊源甚早的道家哲学经典《道德经》，对其做了神秘化和宗教化的解释，在道家演变成道教的过程中起到了非常重要的作用。李荣的《老子注》敦煌本存六件（P.2594、P.2864、S.2060、P.3237、P.2577、P.3277），李荣注本与后世流传的《道德经》注本在篇章的排列上有很大的不同，所以该书的重现于世，对于探讨《道德经》一书的篇章结构有重要价值。

除了老子的《道德经》外，敦煌遗书中还有《庄子》《文子》《列子》《抱朴子》等书。《庄子》写卷有 P.4988、P.3204、P.2563、S.796、S.1603 等，其内容主要是庄子原文、郭象注、陆德明《庄子音义》以及徐邈的《庄子集音》等。郭象是西晋时期著名的玄学家，少有理才，好《老》《庄》，能清言，常闲居，他认为《庄子》的伦说方式是“寄言出意”：“庄子推平于天下，故每寄言以出意。”他还认为庄子学说的内容本质是“内圣外王之道”，庄子其实是一个入世的圣人。这种独特的解庄的思路对后世产生了非常重大的影响。《庄子音义》是陆德明《经典释文》中的一篇，《经典释文》就是古人读经时常用的字典，其中收录了隋唐以前不同版本存在的不少《庄子》异文，对于今天对《庄子》的校勘具有重大的意义。敦煌写卷中关于《文子》的有 8 件。文子是老子的弟子，也是道家学派的代表人物之一，所著的《文子》一书发展了道家的学术，解说老子之言，阐发老子思想，同时也吸收同时期的其他学派的某些思想，如儒、墨、名、法等家，进一步完善了老子的学说。该书在中国古代哲学史上占有重要地位。

《列子》的写卷残本有 6 件，内容包括张湛注及其他佚名注。列子也是春秋战国道家的杰出代表之一，先秦天下十豪之一。他创立了先秦哲学学派贵虚学派，是介于老子与庄子之间道家学派承前启后的重要人物，庄子就曾在《逍遥游》中写道：“夫列子御风而行，泠然善也，旬有五日而后反。”《列子》一书涉及了夏末周初交替与春秋战国社会生活的方方面面，是一篇宏伟的史诗。当时社会的哲学、神话、音乐、军事、文化以及世态人情、民生风俗等在该书中都有展现。该书保存的神话传说、杂技史、音乐史等史料，是研究先秦社会珍贵的资料。敦煌遗书中的《抱朴子》残卷主要藏于日本的书道博物馆，内容主要是内篇《畅玄》的一部分。

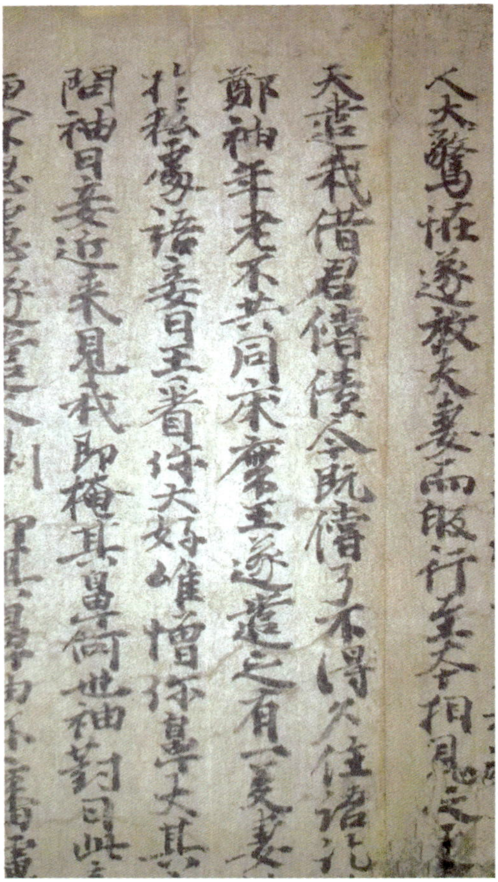

敦煌遗书《搜神记》

敦煌遗书中的道家文献的大致情况就是如此。

敦煌遗书中有一部分文献，按照今天的看法，应当是属于小说类的文献。因为敦煌遗书的种类非常丰富，因此其中保存了一部分十分完整的小说文献。这部分文献的总量达到近百件，内容包括《启颜录》《搜神记》《黄仕强传》《周秦行纪》《唐太宗入冥记》等。这些小说真实地记载和反映了当时人们的日常生活、人们的鬼神世界以及人们的情感体验等，对于我们了解当时人的生活状态、思想状况有很大的帮助。其中，编号为S.133的写卷讲述了一个叫秋胡的人的故事：秋胡是一个士人，新婚不久后便离开妻子辞别父母去外地游学。秋胡行到了一个叫作胜山的地方，得到千年老仙的真传，通达《九经》，于是他便投到魏国，被拜为左相，赐户三千。由于秋胡在魏国多年不归，其妻子在家辛勤照顾父母。九年后，秋胡归家，行至桑林，见一美貌女子，遂调戏之，但是遭到了该女子的拒斥，其实这个女子就是秋胡的妻子。秋胡之妻归家后发现秋胡就是桑林间调戏自己的男子，于是她便向公婆斥责秋胡的不忠不孝。编号为P.3645的写卷讲述了前汉刘家太子的故事，汉武帝与张骞、西王母、东方朔的故事，宋玉向孟尝君推荐朋友的故事，郢书燕说的故事等五个故事。

编号为 S.2630 的写卷讲述了唐太宗生魂被拘入冥界，阎王命判官崔子玉审判其杀害太子建成、齐王元吉之事。编号为 P.3741 的《周秦行纪》记述了落地士子牛僧孺归途中遇薄太后、戚夫人、王昭君、杨玉环等美人的故事。编号为 S.610 的《启颜录》记载了 80 多则故事，反映了隋唐时期的社会生活和风土人情。由于敦煌写卷本的小说数量十分丰富，因此此处不可能一一列举。但通过上述所列的故事我们可以大致看到敦煌文献中小说一类文献内容的基本情况。这批文献在今天越来越受到学者们的重视，这些埋藏多年的珍贵资料，正在勤劳智慧的学者手中，发挥其应有的价值和光彩。

四、我以我手写我心——诗词文集

中国是一个热爱诗词的国度，唐诗宋词是我们引以为傲的文化精粹。诗词不是历史，却清楚地记载了历史的浮光剪影。透过诗词，我们几乎能够清晰地看到青山绿水间的拱桥流水、桥边飞舞的依依杨柳、静女嗔笑的脸颊，听到宴饮之上的觥筹交错、月光之下的断肠折柳曲以及闺中少妇轻微的叹息。诗词不是地理图册，但是透过诗词我们却可以看到远古苍茫辽阔的中原大地上先民劳作的身影，看到杏花烟雨的柔软江南，清扬婉约的佳人穿行于白墙黑瓦中；看到看到风沙满地的大漠边疆，铁骨铮铮的将士有着“马革裹尸还”的雄心壮志；看到安静宁谧的乡间田园，采桑姑娘在自由地穿梭游行。诗词文化几乎渗入了每一个中国人的血液里，仰观日月星辰，我们会叹息“白日忽西倾”，俯察山川地理，我们会感慨“一览众山小”。在敦煌遗书中，就有大量关于诗词的写卷。

（一）句句是情的原始词曲

由于敦煌文献的大量遗失，现在散落于世界各地，所以敦煌遗书中所存的诗词总量迄今为止仍不确定。由于近年来敦煌学的不断发展，敦煌学的研究领域已经拓展到历史、地理、宗教、语言甚至是数学、物理、天文学、造纸术、

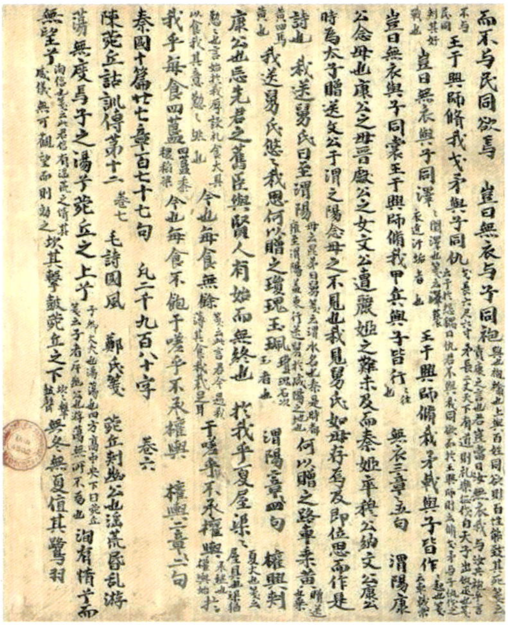

敦煌遗书《诗经》

印刷术、医学、交通等各个领域，对写卷中的诗词研究也取得了新的进展。2006 年，作家出版社出版了《全敦煌诗》，只要是敦煌遗书内的诗、词、偈、赞等均一一收录。其中，既有唐人手抄本的《诗经》《文选》《玉台新咏》等诗歌总集，也有诗人文士撰写的诗歌专集、选本；既有中原传人的雅正之作，也有来自敦煌民间的通俗口语诗；既有失而复得的名篇佳作，也有释门道众留下的佛曲偈赞。这套书几乎收录了所有的敦煌遗书内的诗词作品，堪称海内外辑录敦煌诗歌最多最全的敦煌诗歌总集。从内容上来看，该书收录的敦煌诗词达到 4500 余首，其中有 1200 多首从来没有面世的诗歌，例如，高适的《双六头赋送李参军》《遇崔二有别》《奉寄平原颜太守并序》《同李司仓早春宴睢阳东亭》等 8 首佚诗。从时间上来看，这些诗词的时间跨度很大，从先秦至宋初。从体裁方面来看，这批写卷诗词有诗歌、曲词、偈赞三类。从作者身份的角度来看，有的是文人诗词，有的是僧人诗词，有的是佚名的民间诗词。从整体诗歌的内容和数量上来看，可以发现在当时的敦煌，文人诗歌、里坊俗词、僧人偈赞是同时并存的。在敦煌当地民众的眼中，既有阳春白雪，也有下里巴人。根据这本《全敦煌诗》，我们基本可以了解到敦煌诗词的一个大致的整体情况。《全敦煌诗》所收录的诗词，大部分的原卷都在国外，只有少部分的还遗留在国内。该书在每首诗词的末尾都注明了诗词写卷的出处。由于这批诗词数量庞大，所以我们挑选其中一些别具代表性的作品进行具体介绍。

在所有的敦煌诗词文献中，首先受到极大关注的敦煌诗词是《敦煌曲子词》，作为敦煌曲子词的一部分，《云谣集杂曲子》也吸引到不少学者的目光。在敦煌曲子词出现以前，一般人们认为词这种文学形式是唐末才开始出现的，而第一部词的总集是《花间集》。自从敦煌曲子词出现以后，学界对于词的产生年代又有了新的看法，至少将词的产生年代向前推了一两百年，而《花间集》也不再被认为是最早的词集。敦煌曲子词，顾名思义，是因为发现于甘肃敦煌而得名。唐末宋初人称词这种文学形式为"曲子"，所以，今天我们将发现于敦煌遗书中的这一部分词称为敦煌曲子词。这些词的内容十分广泛，反映的内容也是多方面的，有的甚至已经超出了现存的两万多首唐宋词之外。就像敦煌曲子词的整理者王重民所说："今兹所获，有边客游子之呻吟，忠臣义士之壮语，隐君子之怡情悦志，少年学子之热望与失望，以及佛子之赞颂，医生之歌诀，莫不入调。"这类词虽然语句质朴，带有着强烈的民间色彩，但是其广泛的内容和感情的真挚热烈，显示了词的原始状态之下的独特魅力。如反映敦煌人民在异族统治下的苦难和渴望回到祖国的急切心情："年少将军佐圣朝，为国扫荡狂妖。弯弓如月射双雕，马蹄到处阵云消。"就算是写男女的相思之情，也显得直截了当，毫不矫揉造作，如《望江南》："枕前发尽千般愿，要休且待青山烂，水面上秤锤浮，直待黄河彻底枯。白日参辰现，北斗回南面，休即未能休，且待三更见日头。"还有一些词写水上女子的劳动："霏霏点点回塘雨，双双只只鸳鸯语。灼灼野花香，依依金柳黄。盈盈江上女，两两溪边舞。皎皎绮罗光，青青云粉状。"写江上打鱼的渔夫："即问渔翁何所有，一壶清酒一竿风，山月与鸥长相伴，五湖中。"写妓女的自怨自艾："莫攀我，攀我太心偏。我是曲江临池柳，这人折了那人攀，恩爱一时间。"这些充满了口语化的词，真切地表达了中下层人民的生活和心理状态，也表现了词在最初发展阶段所呈现出的民间色彩和原始状态。这些词无论是从史学角度来说还是从文学角度来说，都具有极其重要的价值。

（二）字字泣血的乱世悲歌

“城外土馒头，馅草在城里。一人吃一个，莫嫌没滋味。”“世无百年人，强作千年调。打铁作门限，鬼见拍手笑。”很多人对这两首诗非常熟悉，然而很少有人知道这首诗的作者是王梵志。从敦煌遗书重新被发现以来，这位在明清时代不怎么被提及的诗人又重新回到了人们的视野中。王梵志，唐初白话诗僧。他的诗歌多是五言白话诗，他喜欢用通俗易懂的语言提示人们注重自己的修养，遵守社会道德规范，具有家语处世训的性质。他有很大一部分诗歌的内容是宣扬佛教思想和戒律的，因此人们才会称他为诗僧。另一方面，因为受到佛道思想的影响较深，所以虽然他的诗看起来言语比较简单质朴，但是却反映了深刻的佛家或道家的思想，比如他那首著名的《城外土馒头》。同样是诗僧的皎然就称赞他的诗：“外示惊俗之貌，内藏达人之度。”他的诗在反映社会生活方面也极为广阔，他同情下层人民的遭遇，因此写了很多反映中下层人民生活的诗歌，如《富饶田舍儿》《贫穷田舍汉》《天下恶职官》等。王梵志的诗歌写卷的原件现今大多藏于巴黎、伦敦和圣彼得堡，总计达 28 件。1980 年，学者张锡厚结合前人

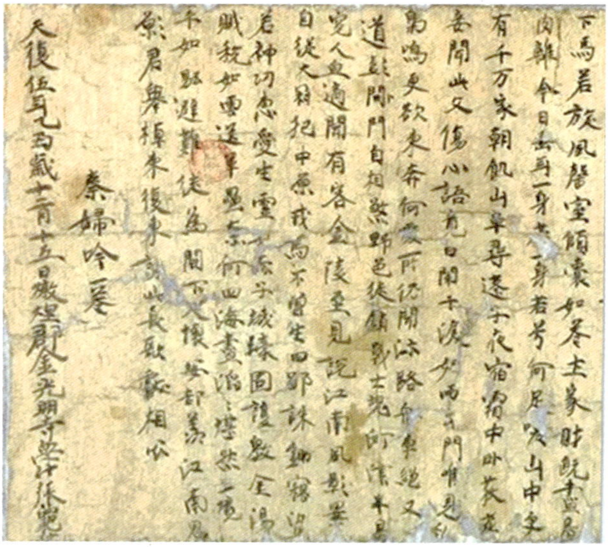
敦煌遗书《秦妇吟》

的研究成功辑录巴黎、伦敦和圣彼得堡的相关文书以及我国流传的17种唐宋诗话笔记，从中辑录出王梵志诗348首，出版了《王梵志诗校辑》。

韦庄的《秦妇吟》是敦煌遗书中最受关注的一首诗，也是唐代篇幅最长的诗歌，在唐末问世以后，自北宋至清末失去记载达千年之久，幸好在被封存千年的敦煌文献中留存了下来。这首诗歌一经面世，就引起了研究的热潮。《秦妇吟》假借一个逃难的妇人之口，以回忆式的口吻，描述了唐末黄巢起义进入长安前后韦庄所亲身经历的种种乱离景象。后人把此诗与汉乐府《孔雀东南飞》、北朝乐府《木兰辞》并称为“乐府三绝”。

中和癸卯春三月，洛阳城外花如雪。东西南北路人绝，绿杨悄悄香尘灭。
路旁忽见如花人，独向绿杨阴下歇。凤侧鸾欹鬓脚斜，红攒黛敛眉心折。
借问女郎何处来？含颦欲语声先咽。回头敛袂谢行人，丧乱漂沦何堪说！
三年陷贼留秦地，依稀记得秦中事。君能为妾解金鞍，妾亦与君停玉趾。
前年庚子腊月五，正闭金笼教鹦鹉。斜开鸾镜懒梳头，闲凭雕栏慵不语。
忽看门外起红尘，已见街中擂金鼓。…………
家家流血如泉沸，处处冤声声动地。舞伎歌姬尽暗捐，婴儿稚女皆生弃。
东邻有女眉新画，倾国倾城不知价。长戈拥得上戎车，回首香闺泪盈把。
旋抽金线学缝旗，才上雕鞍教走马。有时马上见良人，不敢回眸空泪下；
西邻有女真仙子，一寸横波剪秋水。妆成只对镜中春，年幼不知门外事。
一夫跳跃上金阶，斜袒半肩欲相耻。牵衣不肯出朱门，红粉香脂刀下死。
南邻有女不记姓，昨日良媒新纳聘。琉璃阶上不闻行，翡翠帘间空见影。
忽看庭际刀刃鸣，身首支离在俄顷。…………
出门惟见乱枭鸣，更欲东奔何处所？仍闻汴路舟车绝，又道彭门自相杀。
野色徒销战士魂，河津半是冤人血。适闻有客金陵至，见说江南风景异。

自从大寇犯中原，戎马不曾生四鄙。诛锄窃盗若神功，惠爱生灵如赤子。
城壕固护教金汤，赋税如云送军垒。奈何四海尽滔滔，湛然一境平如砥。
避难徒为阙下人，怀安却羡江南鬼。愿君举棹东复东，咏此长歌献相公。

《秦妇吟》是反映唐末社会动乱和民生疾苦的一篇史诗性的诗歌。它不仅仅描绘了一个妇女悲惨的命运，更深刻揭示了广大人民在动乱时局下的凄惨生活，揭露了地方军阀的罪恶，将批判的锋芒指向唐王朝。就是这样一篇珍贵的诗篇，却长时间未被人发现，直到 1912 年，王国维才指出，日本学者狩野直喜在英国图书馆抄录的敦煌写本中的一篇诗文残卷是久已失传的《秦妇吟》。从此，经过国内外学者的一致努力，这首诗篇才得以重新面世。迄今为止，在所有的敦煌遗书中，已知《秦妇吟》敦煌写本总计有 19 枚残片、11 件写本。现在，这些残片和写本藏于法国、英国和俄罗斯这三个国家。

曾经几度春秋风与火，东来西往的驼队穿过浩瀚如海的大漠；曾经几载沧桑云和月，边城要塞通向了海纳百川的大唐。曾经鼓角争鸣的河西走廊，盛满了历史的冷热和苍茫；曾经风沙弥漫的远方古道，飘荡着哀怨悠扬的羌笛余音。马踏飞燕嘶鸣声扬四方，狼烟突起旌旗遮天蔽日；鸣沙山前英雄泯血长笑，月牙泉边牧人挥鞭凝视；长城烽燧遗址上有长风万里的呼啸，隋唐古墓边有孤城遥望的豪情。这就是敦煌，它有着流光溢彩的故事和灿烂辉煌的历史，而敦煌遗书里的字迹，就是这些故事和历史的凝结。

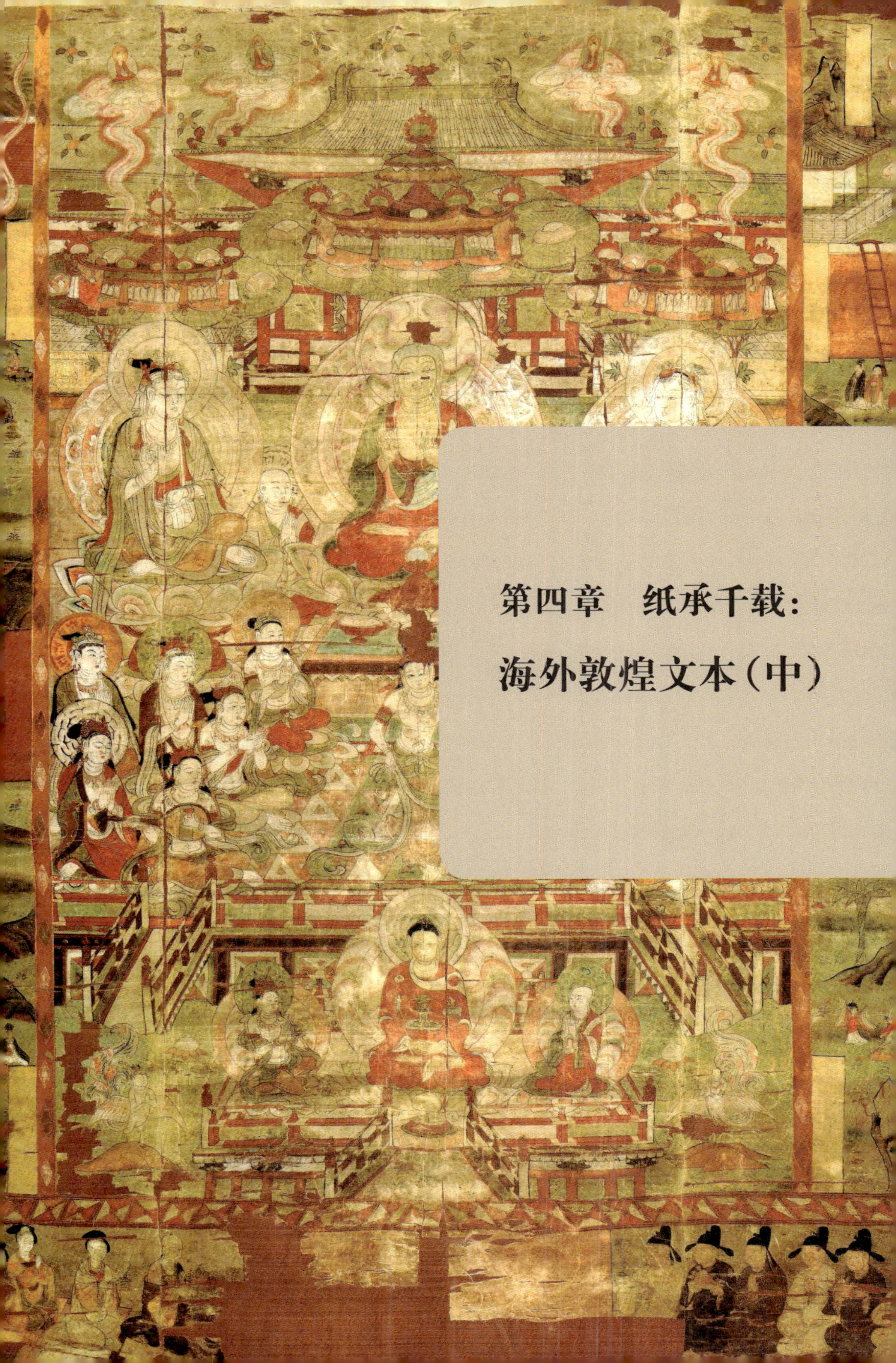

第四章　纸承千载：海外敦煌文本（中）

敦煌莫高窟的文书和壁画，隐含着一个个小人物的故事片段。他们就像散落在历史中的拼图碎片。而敦煌学的专家们，就是一个个拼图高手，一点一点拼接着敦煌上千年的生活历史。文书就像是一个通向敦煌中古世界的窗口，透过这扇窗户，我们看到了古代敦煌人民的生活。他们的信仰、他们的基本权益、他们的日常琐事都透过这些文书，清清楚楚地传达给了千年以后的我们。千年后的我们振奋无比，因为我们曾经对那些生活一无所知。这些文书里的小片段和小故事，瞬间激活了那个丰富多彩的世界，使一幕幕的敦煌世俗生活在我们眼前慢慢展开。

穿过古老而怆然的岁月，翻过涌动千年的云烟，那些祥和的诵经声，袅袅而至耳旁。踏过风霜浸淫的万里平沙，掠过葱郁苍翠的广阔绿洲，那些来往的商旅队伍，缓缓而到眼前。从昏黄黯淡的纸页中，我们听见了一声声久违的呼唤，触摸到了一个民族厚重的文化基石。

一、三千世界中经观——宗教信仰

由于是佛寺的藏书，所以敦煌遗书中有大量的内容是关于佛教的文献，这一部分几乎占到了所有文献的百分之九十。除了佛教典籍，这批写卷中还有道教典籍、景教（基督教聂斯脱里派）典籍和摩尼教典籍等其他宗教的典籍，可以说是包罗万象。

（一）佛教：心如菩提不惹尘埃

佛教典籍的数量在整个敦煌遗书中是非常巨大的。在斯坦因劫走的全部汉文经卷中，佛经和与佛经有关的佛教史料写卷达 6794 卷，约占大英博物馆所藏写卷的百分之八十五，英国印度事务部所藏的 1500 卷左右的藏文写卷，大部分也是佛经。伯希和所劫走的敦煌文献中，汉文写卷大概有 3900 卷，其中与佛经有关的写卷约为 2500 卷，约占所有汉文写卷的百分之六十五。俄罗斯所藏的 10000 多卷敦煌写卷中，也以佛教经典为主，大概有百分之八十以上。

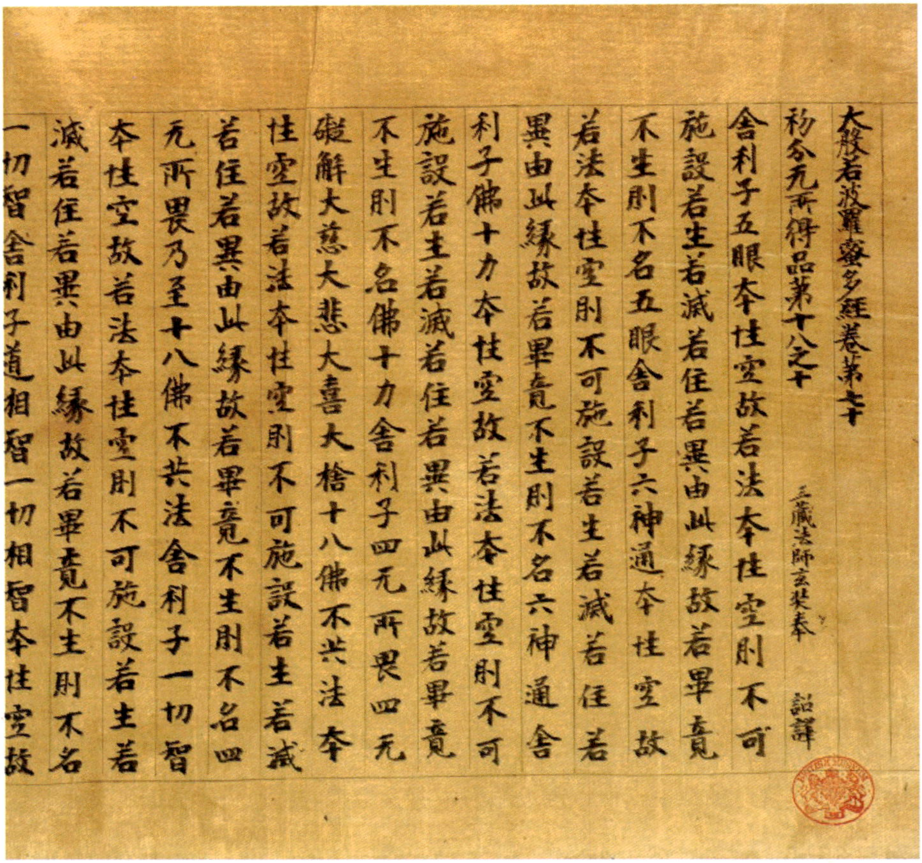

敦煌遗书《大般若波罗蜜多经》

从内容上来看，在所有的佛教典籍中，数量最多的是隋唐时期在社会上十分流行的“六大经”。他们分别是《大般若波罗蜜多经》《金刚般若波罗蜜经》《金光明最胜王经》《妙法莲华经》《维摩诘所说经》《大乘无量寿经》。

《大般若波罗蜜多经》，简称《般若经》，是宣说诸法皆空之义的大乘般若类经典的汇编，主要宣说般若的教义，包括般若系 16 种经典（即十六会）。其中，第二会（《二万五千颂般若》）、第四会（《八千颂般若》）和第九会（《金刚般若》）为般若经的基本思想，大概成书于公元前 1 世纪左右，其他各会是在以后几个世纪中成书的。一般认为《般若经》最早出现于南印度，以后传播到西、北印度，在贵霜王朝时广为流行。此经在所有的敦煌遗书佛教典籍中所占数量最多。《金刚般若波罗蜜经》，又称《金刚经》。后秦著名高僧鸠摩罗什的译本流传最为普遍。《金刚经》来自印度的初期大乘佛教，因为其中包含了根本般若的重要思想，在般若系大乘经中可视为一个略本；本经说“无相”而不说“空”，保持了原始般若的古风，是《大般若波罗蜜多经》中的一会。《金刚经》在唐时影响非常重大，很多志怪小说中都会引用到《金刚经》，说明这本佛教经典在民间的流传情况和在百姓心目中的地位。《妙法莲华经》，又名《法华经》，是佛陀释迦牟尼晚年说教，明示不分贫富贵贱、人人皆可成佛的教义。此经是大乘经典佛教经典中最重要的佛典，有“大乘九宝之一”的美誉。该经宣扬人人皆可成佛的观点，因此唐代时在敦煌地区流传很广，受到了各个阶层人们的欢迎。在当时的日本也被视为“护国镇法”之宝。《金光明最胜王经》，由唐三藏法师义净翻译，与《妙法莲华经》《护国仁王经》同为镇护国家之三部经。《金光明最胜王经》是众经之王，本经开示包括“如来寿量无限”“如来法、应、化三身”“三聚忏悔”“陀罗尼门”“甚深空性”“正法护国”“诸天护世”“疗病救生”“如来本地菩萨行”等教理。一般认为，此经在开阐如来秘密心髓、忏悔业障、积聚福德资粮

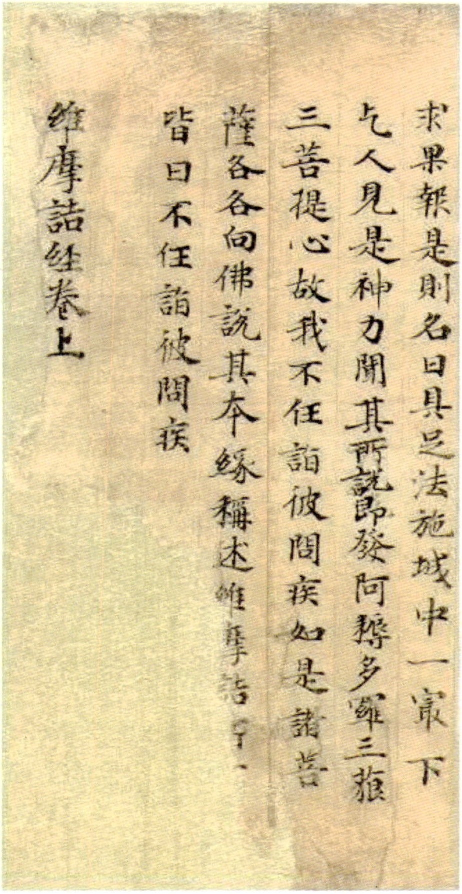

敦煌遗书《维摩诘经》

以及弘扬佛法、护国利民等方面具有无比高尚的功德。《维摩诘所说经》，又名《维摩诘经》《净名经》《说无垢称经》。经中描写的大乘居士维摩诘，称病在家，在家中向释迦牟尼派来的舍利物和文殊师利宣教大乘教义，阐扬大乘般若性空的思想。其义旨为“弹偏斥小”“叹大褒圆”，批判一般佛弟子等所行和悟境的片面性，斥责歪曲佛道的绝对境界。《维摩诘所说经》旨在阐说维摩诘所证之不可思议解脱法门，所以它还有一个名字为《不可思议解脱经》，该经历来很受人们的关注和喜爱。在敦煌的壁画中，人们就将维摩诘病中说法的故事用壁画的形式表现了出来。《维摩诘经变图》现今仍在莫高窟的洞窟中迎接着往来的拜访者。《佛说无量寿宗要经》，又称《大乘无量寿经》，是“净土五经一论”中的一经。经中介绍阿弥陀佛（无量寿佛）所发诸大愿（依版本不同而数量不一，最多为四十八愿），建立弥陀净土接引十方世界众生的故事，以及介绍了弥陀净土的大概样貌。以上所列举的六大经基本占敦煌遗书中佛经的百分之五十左右。相较之下，其他佛经的经、律、论的复本数量就显得较少了。

从时间上来看，敦煌遗书收录的佛教典籍时间跨度也非常大。从这些佛教典籍的纪年时间上来看，时代最早的佛经写卷是日本中村不折旧藏的《譬喻经》（编号为散 746），这件写卷大概产生于前秦苻坚甘露元年，也就是公元 359 年。其次是英国所藏的《十诵比丘戒本》（编号为 S.0797），大约写成于西凉李暠建初元年，也就是公元 405 年。最晚的佛经是俄藏的《曹宗寿造经帙疏》（编号为 F.32AM.1696），是北宋咸平五年，也就是公元 1002 年的写本。

从佛经的来源看，这批佛经既有本地的译经、疏释、著录以及刻写本，也有大量从外地流入的佛经。一些写经是敦煌当地的写经生抄写的，还有一些是当地寺庙的僧众学习时留下的注疏，以及学生所使用的课本和听课时所做的笔记。还有一部分写经是由中原的帝王将相、世家大族送到寺院“供养”的写经。朝廷也会赐给当地寺庙一些佛经，如英藏《沙州乞经状》（编号为 S.2140）记载:“沙州先得帝王恩赐藏教。即今遗失旧本,无可寻觅欠数,却于上都乞求者。”除此之外，来敦煌求法的僧侣、来来往往的商旅，都会携带一些佛经。就是通过这些渠道，藏经洞佛教文献才可以达到如此的数量。

从敦煌佛教典籍的文字形式来看，除了汉文，还有大量的藏文、粟特文、梵文、于阗文、西夏文等文字形式，这些内容都与曾经活动在敦煌的少数民族有关。在所有的少数民族佛教典籍中，与吐蕃相关者最为丰富。敦煌文书中的藏文写本多达 10000 多件，其中包括经、律、论、真言、疏等多方面的内容。从这些佛教典籍中，我们可以看到中古时期藏族文化的发达和藏族人思想的活跃。这些文献对于今天的佛教研究具有重大的意义和价值。

（二）道教：三生万物道法自然

作为中国土生土长的宗教，道教，是中国传统思想文化的重要组成部分。在与儒、佛二教的相互斗争、相互吸收中，一起构成了内涵丰富、冲突与融合并存的多元的中华文化系统。我们一直认为敦煌是佛教的圣地，但其实道教在敦煌也有着深厚的基础。加之唐朝是三教并立的一个局面，而且敦煌在当时是一个开放包容的国际化大都市，几乎任何宗教都能够在此找到一席之地。因此，在敦煌宗教的历史舞台上，道教也成了不可忽视的一员。敦煌遗书中存在着一部分丰富的道教典籍，虽然这部分典籍数量无法与佛教典籍的数量相比，但是内容却十分丰富。大致分为下列几类：一是道教经典。因为道教的是由道家发展而来的，所以诸子文献中的一部分道家经典也就成了道教经典，其中以老子的《道德经》为主要代表。除了《道德经》这样的道家经典外，敦煌遗书中还有 36 件《太玄真一本际经》，这本道教经典是隋代的道士刘进喜所创。该经中除了阐发道教的思想外，还吸收了许多佛教的思想在里面，这种情况与当时敦煌佛教的盛行情况是分不开的。此外，还有《洞渊神咒经》15 件,《老子化胡经》9 件,《十戒经》9 件。《洞渊神咒经》主要叙述真君出世、天下太平的思想，

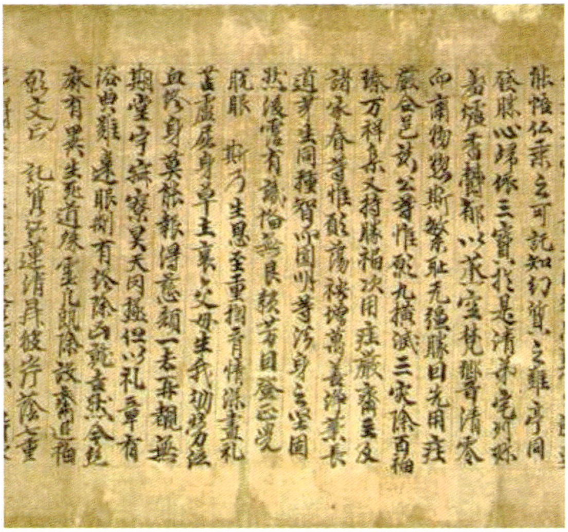

敦煌遗书《太玄真一本际经》

认为在动乱的时代，当有真君出世，圣贤及仙人道士为其辅佐，使天下大乐，道法兴盛，人更益寿。传说道士杜光庭曾为此经作序。《老子化胡经》是道教一部非常重要的经典，主要记载老子出关教化外国人，创立佛教、摩尼教等宗教的故事。《十戒经》是敦煌遗书中始现的一部道教经典，主要内容是道教的教条和教义等。此外，还有一些一卷之内抄写数部道教经典的卷子，如《诸经要略抄义》（编号为 P.2467）。这些道教经典卷子后面往往记录有抄写年月、抄写人、校对人、写经缘由等信息，是反映敦煌地区道教活动的重要研究资料。二是道家斋醮文书。这类写卷是道教的道士进行斋醮过后的产物，包括祈福文、邑愿文、亡文等。像编号 P.3562 号的 25 件《道家杂斋文》，编号为 S.3017 与 S.4652 的两篇道教写卷就是皇帝与皇后的祈福文。另外，像《镇宅文》（S.2717）、《敦煌王曹镇宅疏》（S.4400）、《归义军节度使南阳张承奉祭风伯文》（S.5747）、《谢土地太岁文》（S.3427）等，这些写卷都是道家斋醮和民间风俗相结合的产物。通过对这些写卷的研究，我们可以更确切地了解敦煌当地的民间风俗和习惯。三是道教的符箓文书。道教非常重视符箓的功能和作用，很多唐代的志怪小说集里都会讲到道士用符箓降妖除魔或者得道飞升的故事，可见道家符箓在民间受欢迎的程度。敦煌文书中就有不少这样的符箓文书，如《道家符咒》（P.3811）、《杂书符咒》（S.799）、《护宅神历卷》（P.3358）、《发病书》（P.2856）、《灵符一道》（P.5579）、《道家驱鬼符》（S.5666）

等。四是论道的文书。这些文书是道教的道士在与佛教的僧侣论道争雄时产生。有的是道士所书写，有的是佛教徒所著，论道的双方都站在自己的立场上去诋毁对方。虽然只是一些手抄文书，但是这些文书反映了敦煌地区道教与佛教相互对立比较的情况。这类的写卷有《二道论》（P.3742）、《道家论德文》（P.4979）、《佛道相通论》（S.6147）、《佛道争辩文》（P.3475）等。第五是有关道士活动的社会经济文书和道教文学作品。有关道士活动的社会经济文书对于我们研究敦煌当时道士的日常生活具有极大的参考价值，像《唐天宝十三载龙兴观道士杨神岳便麦契稿》（P.4053）、《道士王道深上启文》（P.3484）、《买卖姜布等历》（P.3034）等。道教文学作品主要是指道士创作的一些诗话，其中最著名的是《叶净能诗话》（S.6836）与《涉道诗》（P.3866）。《叶净能诗话》以叶净能幼年学道会稽山，西赴长安，驱妖降魔，显异施法，最后受人陷害赴归大罗天的经历为线索，缀连了大小十五个故事，是一篇宗教文学话本，是道教徒利用民间说话艺术进行宗教宣讲及宗教神话人物宣讲的作品。《涉道诗》是一个 5 页线装的小册，共收录 28 首诗歌，其中有的是吟咏道家名胜的，有的是道士间的相互应答酬唱，有的是歌颂道教始祖或道教名人的。这些诗歌不仅仅反映了道士的日常生活和交友情况，更填补了道教文学史上的空白。

二、政通人和百废兴——政治制度

从汉朝在西域地区设立西域都护府开始，敦煌乃至河西走廊地区就与中原王朝建立了紧密的联系。此后在历朝历代，敦煌始终与中原保持着密切的联系。为了巩固边防，加强管理，唐王朝在西域设立了河西节度使，这是河西地区最高的军政统治机构。安史之乱后，吐蕃趁机北侵，吐蕃政权开始了在河陇的统治，此时，敦煌地区使用的是吐蕃的职官制度。后来，归义军在敦煌建立政权，并在敦煌地区重新设立唐朝的藩镇制度，建立了规范齐备的藩镇官制。敦煌在吐蕃统治时期和敦煌统治时期的一个政治职官制度，此前并不被人们所了解，直到对敦煌遗书进行了不断研究之后，敦煌地区的职官制度、通讯制度等才渐渐清晰明朗起来。在敦煌遗书中，存在着大量的职官史料。虽然敦煌遗书中年代最早的文书是十六国时期的，但是这些写卷中所记载的内容有的却可以追溯到汉代。在一些家传史中，就详细描写了敦煌的世家大族们由中原迁往敦煌的历史，这些家传对于个人的任官情况记载得非常详细，这是研究敦煌职官文献中的最早史料。由于没有人对此类文献做过专门的整理和研究，因此，敦煌遗书中到底有多少关于政治职官制度和通讯制度的写卷目前还不清楚。但是通过这些零散的文献，我们仍旧可以对当时敦煌的职官制度和通讯制度有一个大概的了解。

（一）体例完备的职官制度

唐朝在敦煌所建立的职官制度，除了正史所记载的河西节度使外，我们对河西节度使下属幕职官员几乎没有什么了解。敦煌遗书中就记载了一些河西节度使下属职官，如《唐天宝六载十一月河西豆卢军军仓收纳籴粟牒》（P.3348V）写卷中就记载有“判官、司法参军于重晖”“孔目、判官（押）付”。另一个写卷《唐开元廿三年沙州会计历》（P3814V）也记载了判官阎信、支度使姚判官、勾覆使等官职。河西走廊地区水利发达，在唐时也设立了专门管理水利的都水司官。通过这些文献，如《报恩寺开温室浴僧记》（P.3265）、《沙州敦煌县行用水施行细则》（P.3560V）、《唐天宝十载敦煌郡敦煌县差科簿》（P.3559）等，我们可以清楚地知道所设的都水司官长官为都水令，下属有水官和平水，同时也可以看到用水的施行细节。在州县以下，敦煌还设有里乡甲组织。王梵志有诗歌：“里正追役来，坐着南厅里。广设好饮食，多酒且劝醉。追车即与车，须马即与使。”在《唐天宝十载敦煌郡敦煌县差科簿》中，就记载了里正 10 人，村正 12 人。《唐开元十年沙州敦煌县莫高乡籍》（P.2684）的文书中还多次出现了“甲头”的字眼。

通过这些遗留的文献，我们可以看到在唐时河西节度使各个阶层官职制度的完整和齐全。唐贞元二年（786），吐蕃占领河西走廊的重镇敦煌，这宣告了河西节度使的覆灭，吐蕃开始在敦煌等河西地区开始了长达几十年的统治。根据敦煌遗书《杜和尚写真赞》（P.3726）、《巳年七月沙州仓曹杨恒谦等牒》（P.2763V）、《申年正月令狐子余牒及判词》（P.3613）等文献可知，虽然吐蕃政权在河西地区推行部落、将制度以代替唐朝的乡里制，但是在主要的军政机构上，仍然沿用唐朝的政治体制，保留了藩镇节度使，在河州、瓜州分别设立了节度使。所以这一时期，敦煌地区施行的是蕃汉杂糅的职官制度。晚唐五代之期，归义军控制了河西走廊地区，并在此设立了归义军职官制度。在敦煌遗书的职官史料中，有大部分的材料都是属于归义军时期的。通过这些文书，如《张淮深墓志铭》（P.2913）、《罗通达邈真赞并序》（S.4654）、《某年十月衙内都部署使冯某谢僧状》（S.4571V）、《甲戌年十月十八日敕归义军节度兵马留后使牒》（P.3239）等，我们可以推测出归义军职官制度的一个整体状况。归义军一方面继承了唐代成熟完备的藩镇官制内容，分设文武两班官僚；另一方面又新使用了五代宋初新产生的职官。除此之外，归义军官制中还出现了许多传世文献中没有的或者说很少见到的机构与官职。这些关于职官类的文献，补充了唐代的藩镇官制，同时也解决了宋代官制的一些渊源问题。对于研究归义军的职官制度乃至整个河西地区的政治制度，有着重要的价值。

（二）严谨齐全的法律制度

中国的律法制度源远流长，在上古时期，社会就制定了完备的法律系统。秦始皇统一天下以后，更是在全国范围内制定了统一完备的法律体系。汉承秦制，汉朝的律法制度在秦朝的基础上又有所增益，产生了所谓的“九章律”“榜章律”“越宫律”等，并在形式上也有所拓展，除了律的形式外，还新增了令、科、比等。从魏晋南北朝至隋唐，又有《开皇律》《大业律》《贞观律》等。在已发现的敦煌文书中，基本没有唐以前的有关法律条文的写本。敦煌文书中的律、令、格、式等类型的法律文书，基本都是唐代的遗留。关于律，有以下写卷：一是《名例律》三个残卷，分别藏于俄罗斯东方学研究所圣彼得堡分所和英国大英图书馆。三片残卷中，最长的一卷 15 行，另外两卷一卷 5 行，一卷 2 行。经过与世传本的核对，这些残卷是《名例律》中的《十恶》《八议》《同居相为隐》《官户部曲官私奴婢有犯》等七条。二是《职制律》两个卷子，一件藏于北京图书馆，另一件藏于法国巴黎图书馆。法国所藏的一件写卷，不仅仅抄录了《职制律》51 条的内容，还抄录了《户婚律》《厩库律》的内容，卷子长达 171 行。其中《户婚律》共 41 条，几乎记录了唐律中《户婚律》的全部内容，对于研究唐代的户籍制度和婚姻制度具有重大的参考意义。三是《捕亡律》，也是残片，共 14 行，录律法 4 条，现藏于伦敦印度事务部图书馆。关于律疏文件有五件，他们分别是《名例律疏》残卷两个，一藏于巴黎图书馆，共 104 行，是律疏卷一《名例·十恶》条的一部分；《职制律疏》残片一卷，也藏于巴黎图书馆，仅存 12 行；《盗贼律疏》残片，存于大英图书馆，仅存 8 行，仅载《谋反大逆》一条的内容；《杂律疏》残卷，存 80 行，下落不明。关于令的法律文书有两件，分别是《东宫诸府职员令》与《公式令》。《东宫诸府职员令》是残卷，存 215 行，主要内容是有关东宫、王府职员设置人数的标准。《公式令》，存 104 行，上有“凉州都督府印”的字样，其中载有《移式》《关式》《牒式》《符式》《制授告身式》等官文书的书式。格有四件，分别为《散颁刑部格》《开元户部格》《职方格》《兵部选格》。式有两件，一为《吏部式》，二为《开元水部式》。《吏部式》是关于隋代官员叙阶及子孙用荫的规定，《水部式》是关于全国各地水利建设、修渠、造堰、用水、管理等方面的规定。

律、令、格、式是唐代法律的四种主要形式。经过一千多年的沧桑巨变，唐代的律和律疏基本都比较完整地遗留了下来，但是令、格、式却几乎没有

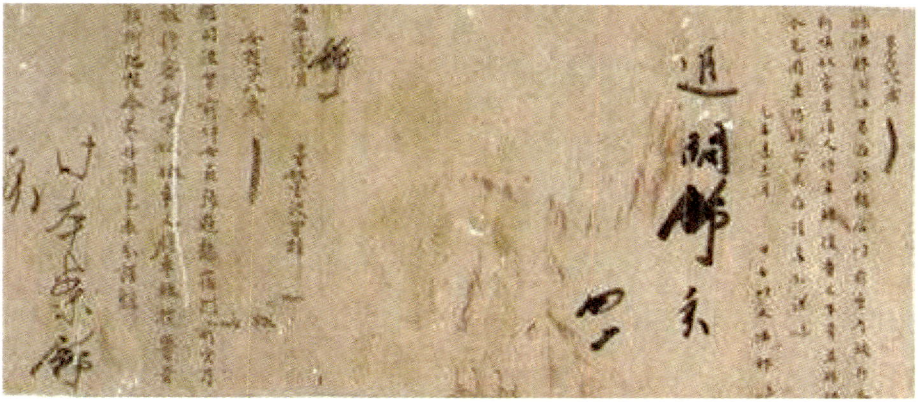

敦煌遗书《唐宝应元年六月康失芬行车伤人案卷》

遗留下来。只有在敦煌遗书中，我们才发现了大量的令、格、式。这些文献使我们更具体地了解到了唐代的立法状况和行政组织、公文往来、事物处理的程式等。

除了律法文书，在敦煌遗书中，最令人感兴趣的是一些地方诉讼案件集。关于敦煌遗书中的诉讼文书，现存的大概有几十件，如《唐西州高昌县上安西都护府牒为录上讯问曹禄山诉李绍谨两造弁辞事》《唐年次未详西州寡妇梁氏辞》《唐宝应元年六月康失芬行车伤人案卷》等，这些诉讼文书都是当时社会的一些民事案件。曹禄山的诉状讲的是唐高宗时期，有个在长安居住的胡人曹禄山状告汉人李绍谨的故事。李绍谨向曹禄山的哥哥曹延炎借了两百匹绢，然后同带着两头骆驼、四头牛的曹延炎一起前往龟兹。但是最后曹延炎并没有到达龟兹，而且从此下落不明。于是曹禄山为追求其兄长及财物的下落，就像西州都护府提出了申诉。寡妇梁氏案讲的是西州城里一个姓梁的寡妇，因为家里没有劳动力，于是将葡萄园租佃给一个叫卜安宝的人，卜安宝应当在冬季来临之前将葡萄园里的葡萄藤覆盖，但是他并没有按时覆盖，于是梁寡妇就此上诉官府，状告卜安宝。

三、衣冠简朴古风存——社会民生

敦煌文献中存有大量的世俗文书，这些文书和宗教典籍、经学典籍、文学典籍不同，它们没有连片的系统，或分散于各个法律文书中，或残存在某些宗教典籍写卷的后面。这批文书虽然分散，但是所反映的内容却是其他任何类型的文书所不能够反映的。敦煌人民的日常生活模式、社邑的分布与作用、婚姻和家庭生活的原始面貌以及他们的娱乐游戏，都可以通过这批社会文书看到。因为文书散乱的原因，所以这一章节主要选取一些极具代表性的社会文书，以讲故事的方法，来介绍敦煌社会文书的基本内容和敦煌人民的日常生活。

（一）丰富多彩的社会生活

唐末宋初时，唐宋交替，社会动荡，但是在敦煌，在敦煌节度使曹元忠的统治下，敦煌人民过着宁静的生活。在当时，敦煌城虽然是一个繁华的大都市，但是敦煌城之外的地方，特别是往北的地方，仍然处在一片黄沙之中。沙漠的干旱和贫瘠使得敦煌这块绿洲显得尤为珍贵。所以，对于敦煌城的人民来说，没有什么东西比得上土地重要。古往今来，特别是在农业社会，人们因为土地的事情发生了各种纠纷，大到一个政权与另一个政权的兵戈相向，小到邻里之间的寸土不让。在法国国家图书馆编号为 P.3257 号的文书中就记载了在鸣沙山下发生的一起土地纠纷。一千年前，一个叫阿龙的寡妇向官府递上了她的诉状，敦煌王曹元忠亲自审理了这个案件。寡妇阿龙状告他的小叔子索进君抢了她 22 亩土地。这个索进君在很多年前被来敦煌抢劫的吐谷浑人抢到了南山，从此音信全无，然而长大成人后的索进君突然回到了敦煌——这个繁华的城市。当时没人知道索进君到底是不是当年失踪的那个孩子，而索进君献给了官府两匹好马，并请求从索家兄弟的家产中分得他应得的一份。因为阿龙的丈夫和儿子去世以后，阿龙家的土地就一直荒废着，于是，官府就将那块土地分给了索进君。但是，过惯了游牧生活的索进君很快就厌倦了这种守着土地谋生的生活，于是，他将自己的22亩土地送给了远房的侄子。阿龙的生活从此就发生了改变，地产和房产户主的变更让阿龙变得非常贫困，于是她就向官府状告这个突然到来的索进君抢了她的土地。在这次官司中，阿龙拿出了他儿子曾经将土地出租的契约，以此来证明这块土地曾经的归属权。最后，官府判决，只要索进君不再回来，那么这22亩地就归阿龙所有。在此次事件中，那小小的一张租借契约，也因为这场官司，被收进文书中，保存了下来。这张租借文书里，向后人展示了敦煌人眼中土地的重要性，也呈现了敦煌的土地经营和流转的模式。今天，通过这件小小的租借文书，我们就更能走近中古时期敦煌人的世界。

一千三百多年前的唐朝，自信、开放、宽宏、博大、发达，显示出无比的自信和海纳百川的气度，使得民族声威撒播四海。唐朝成为民族文学艺术大发展的黄金时代，唐朝民间的生活形态呈现出蓬勃向上的精神和气质、一片欣欣向荣的景象。唐朝的妇女除了相夫教子、吟诗作画，也有了别的社交活动。在敦煌遗书中，有一类特殊的文书就记载了唐朝妇女的这类社交活动，这类文书就是社邑文书。社邑文书就是关于敦煌某些宗教社团的记载的文书，这些宗教社团基本都是佛教的宗教社团。目前已发现的敦煌社邑文书已经达到了500件，大致有社条、通知性社会文书、社历、社日相迎书、社文、社状牒六大类。社条就是社邑组织和社邑活动的一些规则，像《显德六年正月三日女人社社条》（S.527），这条社条就规定了入社的条件、入社

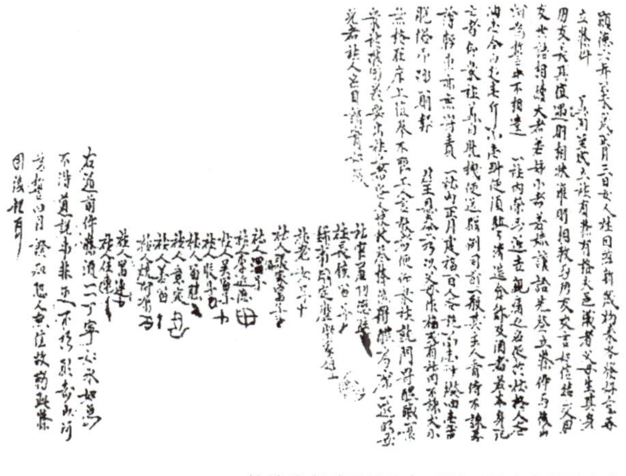

敦煌遗书《显德六年正月三日女人社社条》

之后的规定、入社所需要交纳的财物等，是一件具有代表性的社条。通知性社会文书也叫作转帖，在社团举办活动时，需要通知每一个社团的人员，这种社组织的领导人发出的通知文书就是“转帖”，如《癸亥年八月十日张贤者阿婆身故转帖》（S.6981）就通知了张显者阿婆去世的消息，并要求所有的社组织成员到达现场帮助举行丧礼。社历是用来记录社邑组织收支情况的文书。通过这些社历文书，可以清楚地看到社邑成员向社邑所交纳的财物多少，也可以看到每次社邑活动的消耗物资是多少，如《辛巳年十月廿八日荣指挥葬巷社纳赠历》（S.2472V）就有“虞候破粟一斗，其赠粟分付凶家，饼更加十枚，斋麦两硕，黄麻八斗”的记载。社日相迎书也是通知消息的文书，一则编号为 P.2556 的文书就记载了社日相迎的通知：“春秋八节，唯社最尊，略置小会，共赏旅情。”社文就是在进行社邑活动时用来祈愿和祭祀的文书，有些是宗教性的典籍。社状牒是入社成员的申请书或退社成员的申请书。通过这些文书，我们基本可以了解到敦煌人民的社邑情况以及他们的孝道观、殡葬观、尚礼观等价值观。从这些文书中，我们可以看到有一个叫女人社的社团。女人社，顾名思义就是敦煌女性佛教信众的社团。女人社里女性成员的日常社邑活动就是定期到莫高窟里念佛诵经、供养佛祖。在看到了社团公告以后，她们就必须按时参加社邑的活动，在参加社团时还需要签名登记。她们彼此之间相互帮助，互相鼓励，同时也分享着家庭琐事。除此之外，她们还需要定期向女人社缴纳钱财和贡品，这样在她们去世之后，女人社才会给她们操办一场风光的葬礼。这些平凡的女子在日复一日的辛勤劳作之余，终于寻得了一个精神的寄托和一个尊重她们的社团组织，于是，她们大多都非常虔诚，也严格地遵守着女人社的社条规则。今天，透过这些文书，我们仿佛跨越了时空，看到了她们在佛前祈愿的身影。她们在佛前念经上香，以祈求来年风调雨顺、秋收顺利，也祈求家庭和美、儿女康健。

（二）妙趣横生的家庭生活

在女人社中，有一个女人，她和她婆婆的关系很差，她们婆媳之间经常吵架。一天，婆婆又开始批评她，但是她也并不服气，所以睡在床上不愿意起来。于是，她的婆婆赌气说："叫你饿三天，饿了以后你自己就起来了。"婆婆的强势态度让这个刚为人妇的女子受不了，于是，她就向丈夫和婆婆提出了离婚的请求。婆婆一见媳妇自己提出离婚，就立马赞成，她早就不愿意要这样的儿媳妇了。然后婆媳就开始分家产，婆婆将房子的东西全都送给了她，还另外做了床新棉被送给她，于是她就这样高高兴兴地离开了夫家。这样的寻常百姓家的琐碎小事，而且事关别人隐私的事情，也被当时的抄书人记录在了敦煌的文书里。从这则材料可以看出，敦煌的妇女人身还是比较自由的，她们拥有一定的婚姻自由权力。夫妻生活不顺就离，从此男婚女嫁，各不相干。敦煌文献中就存在很多关于婚姻的文书，这些婚姻文书反映了敦煌人民的婚姻生活和家庭生活。

藏经洞出土的婚姻文书大概有百余件，其内容大概包括通婚书、答婚书、嫁娶祭文、戏女婿文、训女文、婚仪诗词、咒愿新人文、放妻书、夫妻相别书、冥婚书等。这些文书清楚地反映了当地民间的婚姻文化生活。

通婚书是男方向女方发出的请求缔结婚姻的文书。在这种文书里，一般在开头会表达对女方家长的问候，如《新集吉凶书仪》（P.2646）里的"厶顿首顿首！阙叙既久，倾瞩良深"，然后再介绍男子的姓名、年龄、媒人的姓名等，最后盛赞姑娘的美貌和德行，以此表达想要缔结良约的目的。一般情况下，女方收到通婚书之后，都要给男方回复，以表示同意缔结婚姻，这就是答婚书。答婚书的形式和通婚书的格式差不多，只是在最后明确表示出愿意缔约。"未有伉俪，顾存姻好，愿托高援。"一旦双方家庭都同意了此事，接下来就是举行婚礼了。礼成之后，双方家庭要相互祝贺，这种相互祝贺的文书就是贺婚书。一般情况下，女子在出嫁的时候，家里的母亲会对自己的女儿有一番训示，训

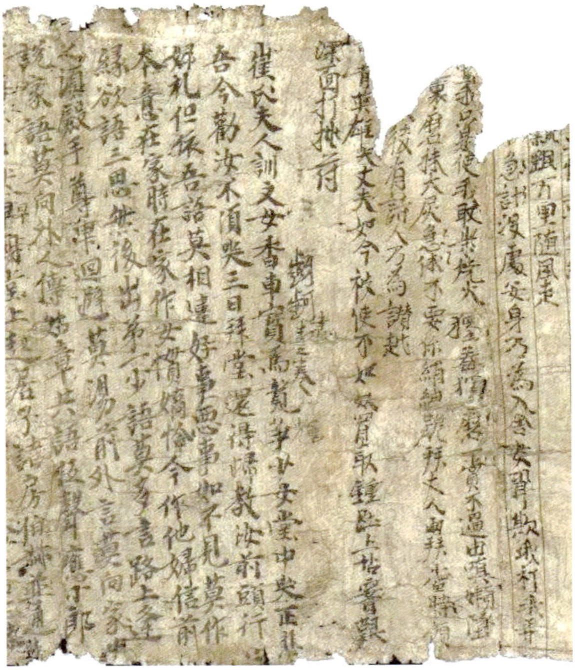

敦煌遗书《崔氏夫人训女文》

示的内容就是敦煌遗书中的训女文。现存的训女文是《崔氏夫人训女文》，这是以七言诗写成的训女文，主要是要求女儿出嫁以后要克己、认命、慎言、谨行等，还有如何与外界交流，如何与翁姑、妯娌、小叔以及丈夫等相处，类似于古代的“女训”，所有的女子在结婚以前都要聆听母亲的训示。戏女婿文是在迎亲时女方刁难新女婿和新女婿应答的文辞。当迎亲的新郎等一行抵达女方家门时，女方的亲戚都会将之拦在门庭之外，百般刁难，这种风俗之下就逐渐形成了一套固定的说辞。敦煌文书中这类文书的代表是《下女夫词》（P.3350），这是一种问答体的形式，语句十分夸张诙谐，如女问：“本是何方君子，何处英才？精神磊朗，因何到来？”男答：“本是长安君子，进士出身。选得刺史。故至高门。”女问：“既是高门君子，贵胜英流，不审来意，有何所求？”男答：“闻君高语，故来相投。窈窕淑女，君子好逑。”在这一问一答之间，婚礼的热闹气氛也就显示了出来。婚仪诗词是随着婚礼的进程而随口吟咏的即景诗词，如催妆、撒帐、合发等环节都有相应的诗词应景。新人礼成之后就是夫妇了，如果双方性格相合那么就是和和美美的一生，但是如果性格不相合或者新妇与婆婆脾气不合，那么双方是可以选择结束这段婚姻的，结束婚姻时所写的文书就是放妻书。放妻书是敦煌文书中比较有意思的婚姻文书，放妻书又称“亲情放书”“夫妻相别书”“女人及丈夫手书”等。这类文书或交代“放妻”的缘由，如“不敬翁姑、不敬夫主、不事六亲眷属，污辱家门，连累父母兄弟”（P.3212）。有的是夫妻感情不和，“自从结为婚姻，不曾喜面相看，猫鼠成仇，参商结怨，二心如异，反目相憎”（S.6417）。除了交代离婚原因外，有的还要进行财产的分割，如“所要活业。任意扒将，奴婢驱驰，几口不勤。两共取稳，各自分离”（S.6537）。甚至还有的文书在最后还会表达对离异妻子美好的祝愿：“愿娘子相离之后，重梳婵鬓，美扫娥眉，巧逞窈窕之姿，选聘高官之主，解怨释结，更莫相憎，一别两宽，各生欢喜”。因为在敦煌当地婚姻具有如此大的自由性，所以女人社的那位女子才有结束婚姻的权利。

通过文书的这些记载，今天我们可以自由地想象敦煌社会中人们的真实生活。而那一个个早被历史淹没的小人物，也再次在我们的眼中鲜活起来，如心性坚强的寡妇阿龙。如果没有这些写本，我们也许根本无法近距离地接触古代敦煌人民的生活和内心世界。

四、公私仓廪俱丰实——经济商贸

我们常常说“盛世辉煌的大唐”，唐朝作为我国封建社会的代表性王朝，它雄厚的国力、盛大的国家气象和灿烂的文化成果，对东亚乃至世界都造成了重大的影响。其中，繁荣的经济是盛唐辉煌气象的重要表现。在敦煌出土的文献中，有大量的经济文献，这些经济文献是敦煌地区人们经济发展、社会发展以及生产生活的真实记录。它反映了当时人们基本的社会经济活动内容。这些文书的内容涉及敦煌的籍账制度、敦煌的土地制度、敦煌的赋役制度、敦煌的契约制度和敦煌社会生活等。以前，人们怀疑“均田制”的真实性，但是在敦煌的文书中，有很多关于均田制的户籍账、田亩账、授田簿、退田簿等。这些文书详细地记载了均田制在基层实现的各种情况，这为我们认识均田制制度提供了很多具体的实例。关于中古时期的户籍制度，正史文献虽有记载，但是对于户籍的具体格式和基层政府录入户口的方式，我们却不甚了解，而敦煌出土的《西凉建初十二年敦煌郡敦煌县西宕乡高昌里籍》等文献，使现在的研究者对中古的户籍制度逐渐明朗了起来。这批经济文书中除了将当时的经济制度明确体现出来以外，还为我们展示了一个经济繁荣、贸易兴盛的敦煌城。

（一）热闹繁荣的敦煌边城

作为一个中西贸易汇聚的敦煌城，它发达的商业经济自是不必说。一份来自法国的关于印度制糖法记录的文书也充分表明了敦煌城发达的手工制造业。这张残卷的编号为 P.3303，现在收藏于法国国家博物馆，这是写在一张写经背面的文字，这段文字记载的是用甘蔗制糖的方法。在这段短短的几百字的文字中，不仅介绍了甘蔗的种类，长度，制糖时所选用的甘蔗的大小、长度，更有详细的用甘蔗制糖的工序，如怎么截、怎么榨、怎么煎、怎样盛、怎样滤水等。除此之外，还提到了用甘蔗酿酒和栽种甘蔗的细节，可谓是详细之至。甘蔗的原生地不在中国，随着贸易的往来，甘蔗渐渐地传入中国，并在中国栽种。这份文书反映的甘蔗制糖法，不仅仅说明了敦煌当时制造业的发达，更说明了敦煌商贸的发达。来自印度的制糖方法通过丝绸之路传入了敦煌，并在当地使用了起来。这说明中西方的贸易在当时已经达到了一个非常紧密的程度，所以印度的手工制造方法才会传入敦煌。除了技艺的传入，一些国家的器物、服饰、文化等也通过丝路贸易来到了敦煌。“凉州七里十万家，胡人半解弹琵琶”。汉代以后，随着丝路逐渐繁荣起来，很多西域的乐器和舞蹈等异域文化形式，都通过敦煌和武威这样的城市传进了中原。从榆林窟第 25 窟《观无量寿经变》的壁画上，我们看到了各种西域的乐器。从武威至敦煌、敦煌至洛阳的道路上，无数精美的石窟和佛像，也是丝路贸易所带来的成果。中国数千年的生活方式

榆林窟第 25 窟 《观无量寿经变》

和文化，也在日渐紧密的商贸交易中被丰富起来。

从这些关于租借、契约、买卖的文书中，我们可以看到，一千年前的敦煌是一个国际性的繁华大都市。人们在这里尽情地购物，来自全世界的奢侈品都汇聚在这里，其中，包括那些精美的丝绸和来自世界各地的新奇玩意。人们还拥有各种各样的娱乐方式，透过遗留的绢画和文书，那些优美的音乐和舞蹈仿佛就展现在现代人的眼前。驿站和饭店里还供应着各种美味的食物，除了敦煌当地的小吃以外，还有来自周边各国的美食。这里云集了东来西往的使臣、僧侣和商队。官员们用马球赛来迎接贵宾。商人们大笔地赚钱消费，筹备远行。市场上拥有专门的旅游业，还有各种礼仪学校和翻译学校。只要花钱，还可以请到职业的向导和驼队……

（二）络绎不绝的丝绸商路

1907 年初春，冲着敦煌藏经洞文献而来的斯坦因，因为王道士外出化缘，暂时没能进入莫高窟。在等待王道士归来的时间里，斯坦因在莫高窟的周围

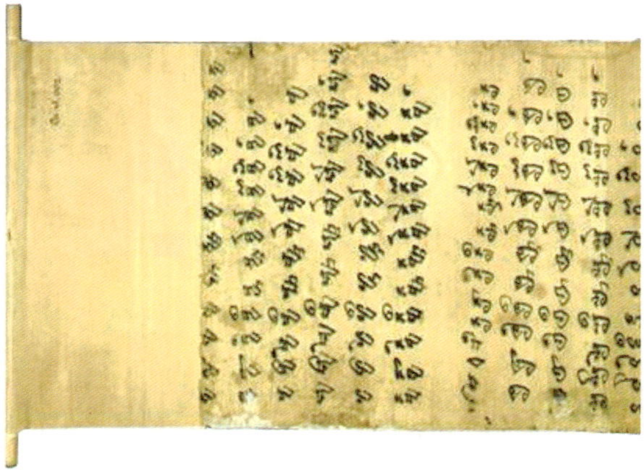
敦煌遗书《佛说善恶因果经》

进行了一些考古勘探工作。一天，在敦煌城外的坍塌烽燧里，斯坦因找到了一些汉代木简和8件书信纸书（发现号：T.XII.a，现藏于大英图书馆）。这些书信的封面上有一些歪歪斜斜的字迹，他不认识这些字迹，但是直觉告诉他这些字迹非常珍贵。这是一批粟特人的书信，今天学者们通过比较现藏于法国国家图书馆东方手稿部中文处的一卷粟特文书写的唐代经卷《佛说善恶因果经》和其他相关资料解读出了这些粟特文字。

这是一封一个叫纳尼班达的粟特商团首领写给他的雇主的书信。书信开头这样写道："至辉煌的纳尼司巴尔大人的寓所，一千次一万次祝福，臣仆纳尼班达如同在国王陛下面前一样行屈膝礼。"接着，他详细地描述了中国那时候的局势："几个月前，匈奴的军队攻进了王朝的都城洛阳，四处纵火屠杀，据说洛阳城外的居民已有三万余人死于这场变乱。商团六个月前派往洛阳的商队失去了音讯。""当今的天子因为饥馑而逃离了洛阳，据说他那牢固的宫殿和坚实的城池被付之一炬。"虽然社会局势十分不利于商人的生意，但是他在这封信的最后表示，他会继续商团的贸易。除此之外，他在信中还说派遣了一名叫范拉兹马的商人离开姑臧（今武威）去敦煌，从那里的粟特商人手中取得珍贵的麝香，贩运回撒马尔罕。

纳尼班达在信中所描述的战争，正是中国历史上著名的"永嘉之乱"，也是导致西晋灭亡的战争。虽然中原爆发了战争，但是远在西北的敦煌并没有受到太大的影响，范拉兹马也平安到达了敦煌。虽然在那之后，敦煌也开始了战乱，但是敦煌的贸易却并没有受到影响，往来的粟特商人依旧络绎不绝。通过对其他经济文书的分析，我们在关于贸易和经济纠纷的文书中，经常能够看到粟特人的身影。从张骞通西域以来，丝绸之路在汉代就开始发挥着它重要的价值。从汉代开始，在巨大利润的诱惑下，一队队由粟特人组成的商团，就开始不惧艰险地奔波在丝绸之路上。他们的足迹遍布欧亚大陆，是商贸中真正的利益得主。他们的脚下，这条由先辈们开辟的商贸之路，被后世称为丝绸之路。而这批商人进入中国最重要的一站就是敦煌。

一般情况下，粟特商队以撒马尔罕为贸易起始点，在丝绸之路兴盛的时候，这座城市被誉为"东方的罗马"。商队从撒马尔罕出发，经过疏勒、于阗、敦煌，然后到达长安。这条路线必须经过帕米尔高原，那里终年积雪，空气稀薄，但是粟特商队总有办法通过。商队翻过帕米尔高原后到达的第一个城市是疏勒，疏勒是重要的奴婢交易市场，许多粟特商人在那里经营着这种利益丰厚的买卖。疏勒的下一站是于阗，于阗国是著名的珠宝交易市场，自古以来，著名的和田玉从这里产出，再被营销到中原各地。商队在此地收购玉石再到中原卖出，能够给商人带来巨大的利润。利润虽然丰厚，但是商队在路途上会遇到各种艰难的情况，例如，驿站的问题，并不是所有的时候商队都能住在驿站里。一天结束时，如果运气好，就可以找到歇脚的驿站。在那里，商队可以挨过沙漠夜晚的严寒，并补充饮水、处理生病的骆驼，防备随时可能出现的强盗。如果连夜赶路，在路上很可能被强盗洗劫，只有始终保持谨慎的步调，才能安全地到达目的地。其次，水源干涸是经常会遇到的问题，不过，粟特人仍然能够利用骆驼找到又咸又涩的碱水。

经过几个月的长途跋涉，商队终于到达了这个南来北去、东西贯通的交汇点——敦煌。在这里，大部分的商队都要停歇休整，并卖掉一部分他们历尽艰辛从西域各国带来的商品，例如，产自中亚的胡锦就是这个市场上最炙手可热的商品。唐代画家阎立本所绘的《步辇图》中，唐太宗所接待的吐蕃使臣所穿的衣服就是用这种胡锦做的，它是财富和地位的象征。经过敦煌学专家的推算，一匹胡锦的价格相当于一匹半的马的价值，也相当于五六头牛的价格。还有胡粉这种香料，价格也十分昂贵，仅一两就值五石麦子。除了胡锦、胡粉这种奢侈品，来自疏勒等其他地方的舞女也是一件价格不菲的商品，但是政府对这种贩卖人口的行为是有着严格规定的。吐鲁番出土的唐代市券中就明确规定，卖方必须找到五个以上拥有当地户籍的担保人才能进行买卖的交易。粟特商队带来的东西几乎都能在这里找到很好的买主，并卖出合适的价格。对于粟特人来说，敦煌就是贸易的天堂，所以当时很多粟特商人就选择定居在敦煌。法国国家图书馆的一件写卷详细地记载了敦煌市场上各种物品的价格。除此之外，从这件写卷中可以看出，这位叫康秀华的粟特人，不仅入了敦煌当地的户籍，还放弃了从前的信仰而改信佛教。

从这些关于经济的文书中，我们看到了敦煌城曾经举世瞩目的繁华。游人如织的街市，璀璨绚烂的石窟，往来不绝的商旅，杀气震天的军队……但是，随着唐帝国的灭亡和海上丝绸之路的逐渐兴起，繁华的敦煌城和络绎的丝绸之路渐渐地沉寂了下来。敦煌城曾经的繁荣景象和丝路商队的声声驼铃，最终也被黄沙掩埋，在历史中消失了一千多年，直到敦煌文书被发现，这座曾经热闹的城市的轮廓才渐渐地显现在人们的眼前。

历史的敦煌虽然已然沉寂在了敦煌写卷中，今天的敦煌城却依旧热闹非凡。因为莫高窟，因为藏经洞，因为丝绸之路，人们远道而来，在这座戈壁之中的小城镇里，寻找敦煌遗书中那些精彩的宗教传奇，那些简朴的中古生活，那些刻写在史书上的地名，那些埋藏在风沙里的故事……

第五章　纸承千载：海外敦煌文本（下）

敦煌遗书卷帙浩繁，却因一场浩劫而大多流于海外，散于世界各地，我们只有依靠珍贵的影像资料才能窥其一二。然而，这并不能磨灭我们去了解、去追寻它们的热情。泛黄的书卷，古老的墨痕，一串串汉字藏文的背后，是一位位行走千年的沉默讲述者。它们孤独地在异乡守望，等待着我们炎黄子孙穿过历史的迷雾，前去探寻先辈留给我们的文化宝藏。

一、妙手仁心尝百草——医药健康

（一）东方神草——奇妙的中药

生活中我们常常听到这样的说法："中药好，西药快"，"西医治标，中医治本"，"西医抗邪气，中医扶正气"。不论这几种说法有没有科学依据，都可以由此看出，即使在现代医学体系广泛应用的今天，中医、中药在国人心中仍然占有重要的位置。那么中药究竟是什么？有怎样的流传历史？又为什么会有这么大的魅力呢？在流失海外的敦煌遗书医药残卷中，我们可以找到答案。

中药，就是以中国的传统医药理论为指导来采集、炮制、制剂，说明作用机理、指导临床应用的药物的一种统称。翻开中华传统文明典籍，不乏辉映人类医学史的神奇篇章。早在汉代时，《淮南子·修务训》中就有"神农乃始教民，尝百草之滋味，当时一日而遇七十毒，由此医方兴焉"的说法，《汉书·艺文志·方技略》中也有"医经者，原人血脉、经络、骨髓、阴阳、表里，以起百病之本、死生之分，而用度针石汤火所施，调百药剂和之所宜"的记载。可见，此时中医中的"经脉筋骨""阴阳五行"之说已经初具规模，并且有了"采百草以祛病养身"的观念。

中国古代劳动人民在与疾病做斗争的漫长过程当中，通过实践，逐渐积累了丰富的医药知识。医药书籍的出现，不仅有利于总结前人经验，也为中医中

敦煌遗书《新修本草》

药的流传和推广起了巨大的作用。从《神农本草经》，到《本草经集注》，再到《新修本草》，可以说，从汉到唐，我国中药典籍完成了三次总结性的飞跃。但由于年代久远，加之战火动荡，这些本草著作早已亡佚，现存的各种版本，大多是由明清以来的学者考订、辑佚、整理而成的。作为目前所见较早的古医书抄卷，敦煌医药文献对《神农本草经》《本草经集注》《新修本草》等著作都有所记载，并且最大限度地接近古书原貌，更加真实可靠。在这种情况下，敦煌医药文献就为我们了解唐代以前的中医中药发展提供了重要的帮助。

日本龙谷大学图书馆藏有敦煌遗书 70 余件，其中，除了写经卷子外，最重要、最有价值的就是唐开元写本的《本草经集注》(龙 530)。《本草经集注》为南北朝时期梁代陶弘景所作的一部本草学总集，编著时间约为公元 480 年至 498 年前，有“本草正典”之称。陶弘景依据药物的自然来源和性质，将 730 味药物分为“玉石”“草木”“虫鱼”“禽兽”“果菜”“米食”“有名无用”七类，这种分类方法后来成了我国古代药物分类的标准方法，在以后的一千多年间一直被沿用。书中对药物的产地、采集法、炮制法、煎服法、真伪鉴别等方面进行了详细的论述，还首创了以“治疗性能”对药物进行分类的方法，例如，“防风、秦艽、防己、独活”等药物均有“祛风”的功效，就归在同一类。这种分类方法便于治疗参考，对医药的发展也起到了促进作用。书中还指出了部分药物的解毒方法和服药食忌，比如“半夏有毒，用之必须生姜，此是取其所畏，以相制耳”，这一经验至今仍然广泛用于中医临床。

法国巴黎图书馆所藏的敦煌残卷中，一部《新修本草》（P.3822）的传本同样引人注目。唐代显庆四年（659）编修的《新修本草》，是我国由国家颁行的第一部药典，也是世界上最早的国家药典，比欧洲最早的《纽伦堡药典》早了足足800多年。它收药850种，以《本草经集注》为基础编写而成，由“本草”“药图”“图经”三部分组成。这种“图文对照”的写法，开创了世界药学著作的先例。《新修本草》的原书在宋代以后就已经逐渐亡佚，其中附录的《药图》和《图经》两部分现在已经无所存留，只有部分残存的《本草》正经可以供后人考证。在近人著录的五种传本当中，以巴黎图书馆的这一传本最为可靠。

此外，敦煌文献中还有用古藏文写成的藏医著作，如法藏敦煌藏医文献《藏医杂疗方》（P.T.1057）、《敦煌古藏医灸法残卷》（P.T.127）、《火灸疗法》（P.T.127、P.T.1044）等。《藏医杂疗方》中关于血症、瘰疬、痈肿、中毒、中暑、呃逆、心口痛、喉咽痛、牙龈病、黄水疮等病症的记载与描述，对现代医学具有重要的科学研究及临床应用价值。《敦煌古藏医灸法残卷》据学者考证编著于公元8世纪中期，比汉文的《新集备急灸经》早了近一个世纪，是现存最早的灸方专书。《火灸疗法》中记载了古老神奇的藏医火灸疗法，这是藏医临床普遍使用的一种以药、火为媒介的外科治疗手段，由于它操作简单、见效快，尤其是对西藏高原的常见病和多发病具有特效，所以至今在藏区仍被广泛使用。正如一些现代学者所说：“敦煌藏经记载的医理医术，是一千年前世界上最先进的医学成果遗存。”

目前，敦煌医药文献除北京图书馆藏有的万余卷之外，大多藏于国外。据我国著名医史家、中医文献学奠基人马继兴研究，现存于敦煌的医学卷子约有93种，内容涉及医经、医方、本草等各方面，多成书于六朝及其以前，也有部分撰于隋唐时期。这些文献中保存了许多曾失传的医药古籍，展现了早期医学文献的原貌，对研究中国医药发展史、澄清医药文献的部分疑难问题，以及对校勘、补缺、探求宋以后木刻本文献的源流，都具有非常重要的意义和价值。

（二）以膳养身——诱人的食疗

中国人，在划分“食”与“药”的界限上总是有一种暧昧的模糊。中医有“药食同源”一说，五谷杂粮、五味调和，可以饱腹也可以疗身。春温风寒，服板蓝根以清热解毒、凉血利咽；秋燥咳嗽，饮枇杷露来养阴敛肺、镇咳祛痰；夏日炎炎，沁一盏百合绿豆汤清热解暑；冬雪皑皑，炖一盅当归牛肉汤养气活血……就像一位日本留学生向他的同胞介绍中国时所说的那样：“中国人有许多生活智慧。”以药入食，或者说以食作药，是中医发展过程中的一种转化、调和的智慧。

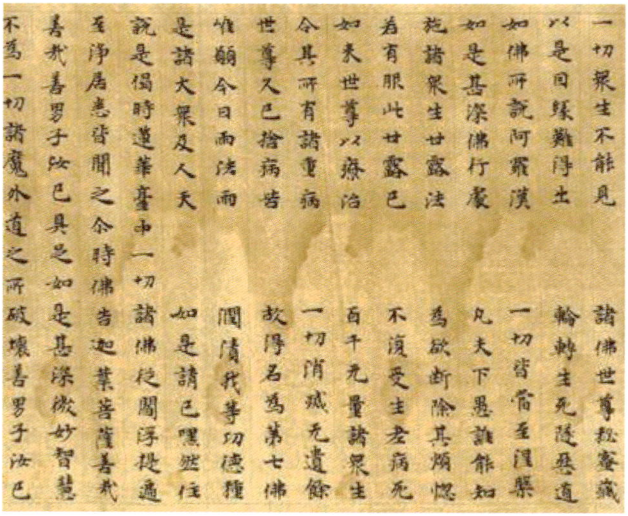
一切眾生不能見 諸佛世尊祕密藏
以是因緣難得出 輪轉生死墮惡道
如佛所說阿羅漢 一切皆當至涅槃
如是甚深佛行處 凡夫下愚誰能知
施諸眾生甘露法 為欲斷除其煩惱
若有服此甘露已 不復受生老病死
如來世尊以療治 百千無量諸眾生
令其所有諸重病 一切消滅無遺餘
世尊久已捨病苦 故得名為第七佛
唯願今日雨法雨 潤漬我等功德種
是諸大眾及人天 如是請已默然住
說是偈時蓮華臺中一切諸佛從閻浮提遍
至淨居悉皆聞之尒時佛告迦葉菩薩善哉
善哉善男子汝已具足如是甚深微妙智慧
不為一切諸魔外道之所破壞善男子汝已

敦煌遗书《食疗本草》

食疗在我国有着悠久的历史，早在《黄帝内经》中就有“毒药攻邪，五谷为养，五果为助，五畜为益，五菜为充”及“谷肉果菜，食养尽之”的记载。西周时宫廷设有专门的“营养医师”，负责确保王公贵族的饮食营养：“食医，掌和王之六食、六饮、六膳、百羞、百酱、八珍之齐。”这些例子都说明，我国从早期社会就已经明白了一个道理——“食疗”与“药疗”同样重要。

英国大英博物馆藏的《食疗本草》(S.76)，是我国最早的食疗专著。《食疗本草》残卷为纸本卷轴，编写年代应在公元400年至934年之间，为孟诜所撰。全文共2774字，收药26味。全文以红色朱笔、黑色墨笔两种笔墨书写完成，各篇首用朱笔标写药名，右下角用黑色小字注明药性（温、平、寒、冷四种），不注药味。其下正文由墨笔书写，详细描述该药的主治病症、功效、服食宜忌、单方验方，部分药物还记述了采集、修治、地域差别及生活用途等，如“蒲桃（葡萄）”一条，描述为“上益脏气，强志，疗肠间宿水，调中”等。《食疗本草》是对唐以前食疗药物及食治验方的系统总结，所载药食“皆具治病之效”，它是研究我国古代食疗思想发展脉络不可多得的史料，也是医药学史上一部重要的食治本草专著，值得我们在研究发展药膳学时进行借鉴。

敦煌遗书中，还保存有大量的“食疗方剂”。这些方剂食材多样，形式灵活，既体现了中医学辨证论治的精髓，又注意了不同药膳形式在不同病症中的实用价值，如现藏于英国的《服食养生方书》（S.6052）残卷，留存有十三方“服食延年益气不老”方药，都属于道家的服食养生之方。这些养生方中涉及的食物与药品有柏子、地黄、雄黄、天门冬、槐实、黄连、莲子、松脂、白菊花、云母、茯苓等，对每味药剂的制作方法都有详细描述，并且服用时都有诸多禁忌，据说服后可令人长生、升仙。现藏于法国国家图书馆的《呼吸静功妙诀》（P.3810）文后，附有一剂养生“神仙粥”的粥类药膳食方：“山药蒸熟，去皮，一斤。鸡头实半斤，煮熟去壳，捣为末，入粳米半升。慢火煮成粥，空心食之。或韭子末二三两在内，尤妙。食粥后，用好热酒饮三杯妙。此粥善补虚劳，益气强志，壮元阳，止泄，精神妙。”用适当的中草药和适量的米谷同煮为粥，叫作“药粥”。药粥疗法是一种以药治病、以粥扶正的食养食疗方法。神仙粥方由山药、鸡头实（即芡实）、韮菜子三味药组成，重在补脾益肾，具有温补虚劳、益气强志、壮阳止泄的功效。

在食疗的“食材”选用方面，敦煌食方特别重视西域特产——牛羊食材和辛温香散食材的运用。这二者的搭配，不但改善了食用风味，还增加了温中补虚、填补精髓的食疗价值。牛羊肉自古以来就是西域的特产，是当地主要食物之一。在敦煌遗书的食疗方剂当中，运用牛、羊制品的方剂有十余种，比如法国所藏的《杂疗病药方》中“疗人一切百种风病方”（P.3378）、《头、目、产病方书》中“肾劳汤”和“羊肉荜茇饮”（P.3930）、《杂症方书》中“黄芪羊肉汤”（P.2662）、《杂症方书》中“橘皮羊肚羹”（P.3596）等，其中的牛、羊制品主要有牛肉、牛乳、羊肝、羊肺、羊肾、羊肚等。而辛温香散食材，除了我们常见的生姜、葱白等外，大多是来自西域或其他国家传到西域的香料，如像蒜一样具有特异气味的阿魏（哈昔泥）等，具有明显的古丝路地域特色。10世纪波斯药物大师阿布·满速儿对阿魏的食疗价值有较深刻的认识，认为阿魏可以“助消化，健胃，治手足关节痛”。

另外，敦煌遗书中还有一些与宗教相关的药食习俗，如“辟谷”。“辟谷”又称“却谷”“断谷”“绝谷”“休粮”“绝粒”等,即不吃五谷。庄子在《逍遥游》中描写仙人“不食五谷,吸风饮露”,正是折射出了先秦时期人们追求“辟谷成仙”的思想。现存海外的敦煌文书中,《佛家辟谷方》（P.2637、P.2703）、《服气休粮及妙香丸子方》（P.3043）、《绝谷仙方》（S.2438）、《残辟谷方》（S.5795）等都与“辟谷”文化相关。这些珍贵的文书，是研究唐代敦煌地区宗教修行方式的重要资料，也可以帮助我们了解当时社会在宗教信仰影响下的饮食文化特点。

二、九天漫步采星辰——天文术数

（一）星宿起落间预测天命

仰望浩瀚无垠的夜空，总有群星在其间闪耀。回溯历史，古人通过对星象的观察来占卜吉凶的观念，在早期的社会实践中就已经悄悄萌芽。中国是世界上天文学起步最早、发展最快的国家之一，仰韶时代的人们就已绘制出四时天象图，描绘了光芒四射的太阳形象；唐尧时代的先民们则建造出了专门观察星迹的观象台。中国早期的天象观察，无论是对太阳、月亮、行星、彗星、新星、恒星等星体，还是对日食和月食、太阳黑子、日珥、流星雨等罕见天象，都有着丰富翔实的记载，观察之仔细、记录之精确、描述之详尽、水平之高超，达到了使今人惊讶的程度，这些记载至今仍具有很高的科学价值。另外，古人的天文知识很具有普及度。顾炎武在《日知录》中曾说："三代以上，人人皆知天文。"

古人常用天象来预测人事，把天象的复杂变幻与人间的祸福吉凶联系起来。我们常在古书中看到"夜观天象"的记载，就是古人在以天文星象推测人间事物。当时的人们认为，天象不仅记录连接着历史，更预测昭示着未来。比如拖着"长尾巴"的彗星，就被古人看作是灾祸的预兆，又被称为"扫把星"；在古代"天人感应"的思想指导下，彗星的出现往往与"天下兵起""（彗星）见则天下乱"联系在一起，被看作是一种"灾星"。而又被称为"帝王星"的紫微星，则被人们看作是主宰帝王气象的"吉星"，紫微星明亮则帝王励精图治、勤政爱民，国运繁荣昌盛。

现藏于英国国家图书馆的《全天星图》（S.3326），又称《敦煌星图甲本》，是世界上现存记载星数最多、绘制最科学的中古时代星图，囊括了当时北半球肉眼所能见到的大部分恒星，另有云气图 25 幅，附占文，星图后描画了一位手持弓箭的电神。据研究，《全天星图》大约绘制于公元 705 年至 710 年间，图上除了少数有名无星的记录外，实际上有星 1339 颗，包括很多人类肉眼很难观察到的微弱星星。星点用四种形式表示——黑色、橙黄色、圆圈和外圆圈内橙黄点，其中黑点用来表示甘德星，其余三种形式则用于表示石申星和巫咸星。《全天星图》从十二月画起，依据每月太阳的位置所在，把赤道带附近的群星分为了十二段，绘制时使用了类似"墨卡托投影"的方法，但比墨卡托发

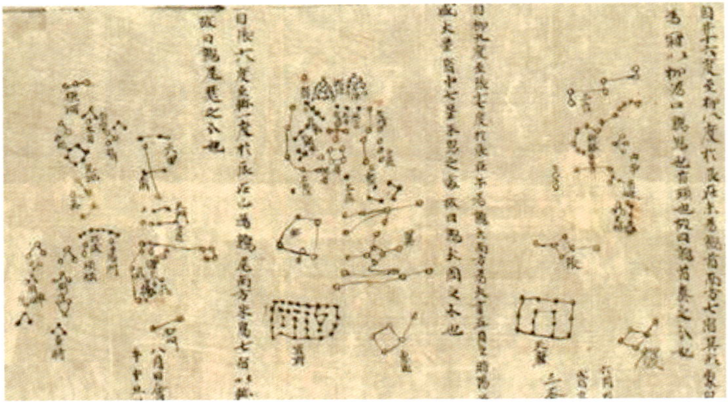

敦煌遗书《全天星图》

明这一方法早了八百多年。最后，再把紫微垣画在以北极为中心的圆形平面投影图上，每幅图下标注各月太阳的位置所在及昏、旦中星的说明。这种“把北极附近的星画在圆图上，把赤道附近的星画在横图上”的办法一直沿用到了现代。令人惊奇的是，研究显示，敦煌星图上恒星的位置并不是按照测量数据点定，而是用眼睛估计星与星之间的相对距离而描绘的，但极为精细。据推测，这幅星图观测地点的地理纬度在北纬 34 度左右，很有可能就位于现在的西安或洛阳。这幅现存世界最古老的手绘星图，比欧洲发现的星图要早几个世纪。西方学者表示，欧洲只有到文艺复兴时代望远镜发明之后，绘制的星图才能和《全天星图》相比。英国著名自然科学家李约瑟在比较《全天星图》与欧洲各国星图后说：“欧洲在文艺复兴以前可以和中国天图制图传统相提并论的东西，可以说很少，甚至简直就没有。”很难想象，中国天文学家早在 1300 多年前就已凭肉眼绘制出如此高水平的星图。

同时，天文星象也影响着古代历法的制定。中国古历以太阳的运动周期作为年，以月亮圆缺周期作为月，根据太阳一年内的位置变化以及由此引起的地面气候的演变次序，又划分了二十四节气来反映了一年四季的变化，指导农业生产。敦煌在立法情况上较为复杂，主要体现“敦煌历日”的制定。敦煌历日产生于吐蕃占领敦煌时期，是在吐蕃采用十二地支和属相纪年法、汉人深感不便的情况下，敦煌人民自编的地方性历日。敦煌具注历日与汉简历谱、明清历本，为研究我国历法史的三项重大史料。敦煌历日在诸多敦煌遗书中均有记载，较为集中的历书则有《后唐同光二年甲申岁具注历日并序》（S.2404）、《宋太平兴国三年戊寅岁应天具注历日》（S.612）。有趣的是，这两件历日文献当中均有对“本命元神”的记载，并绘了其图像。敦煌具注历日中的“本命元神”及相关图像，是中国古代“北斗七星禄命信仰”体系下，相对于本命星神而言的元辰星神的一种表现形式。《后唐同光二年甲申岁具注历日并序》为归义军时期的敦煌历法大家翟奉达所撰写，其序言记“谨按《仙经》云：若有人每夜志心礼北斗者，长命消灾，大吉。”随后是上下而列的两幅图：上图正上方绘北斗七星，中间则绘有一位博衣广袖、手持笏板的官者，身后还有仆从侍立，面前则有一位士人跪地向官者祷拜；下图正中同样绘制了一位官人，其右上方有一猴首人身者与之对视。有学者猜测，图中所绘的官人即“本命元神”，是北斗七星中的廉贞星君。

（二）算筹纵横中推演数理

中国传统数学，又称“算学”，有着悠久历史，是中国传统科学文化百花园中的一朵奇葩，也是世界文化宝库中一颗璀璨的明珠。与西方数学相比，中国算学是一个完整独立的体系，颇具独创性。它的实用性比较强，多以“命题”的形式出现，然后给出答案，而较少出现公式、定理的推演，比如著名的“宝塔悬灯”“茭草行段”问题。

一般认为，中国算学起源于公元前5000年至公元前3000年前的仰韶文化。而欧洲国家直到采用了印度阿拉伯数字系统之后，才有了十进位制。

敦煌算学文献，是迄今发现最早的纸质算学史料，在数学、教育、哲学、物理、经济、政治、军事、文化、社会等多诸多领域均具有重要的价值。敦煌算经文献大多是残卷，从其保存下来的内容来看，包括记数、识数、进位制、度量衡制、多位数相乘、平方、加减乘除法运算、圆形和三角形等面积计算，还有民食、军需的宏观计算，军事编制和防御设施的计算等，可以说包罗万象。

在记数方面，传统算学发展出了其独特的算具——算筹。算筹实际上是一根根同样长短和粗细的小棍子，一般长 13 到 14 厘米，粗 0.2 到 0.3 厘米，多用竹子制成，也有用木头、兽骨、象牙、金属等材料制成的。古人将大约二百多枚算筹归为一束，放在一个布袋里，系在腰部随身携带，需要计数和计算的时候，就取出放在桌面或地面上摆弄，以此演变出的“筹式记数法”，就是以纵横的算筹来记数的一种方式。现藏于英国国家图书馆的《洞渊神咒经誓第六》（S.930V）背面，记有《立成算经一卷》，其中附了一张完整的“九九表”，每一句口诀的乘积都用算筹记数法表示于后，这是目前所知我国最早应用算筹记数的记录。九九表，又称九九歌、九因歌，是我国古代数学运算中进行乘除、开方等用的基本运算规则表。除此之外，还有不少敦煌文献中都有对于“九九表”的记录，如英国国家图书馆藏的《九九乘法歌诀》（S.4569），从“九九八十一”到“一一如一”，共 7 行 45 句，首尾完整，字迹清晰；法国国家图书馆藏的《九九口诀》（P.2502V），残存有从“九九八十一”到“一三如三”的 9 行，许多字迹已经模糊不清，这些九九表极有可能是唐代敦煌地区童蒙制度的教育范本。

敦煌算书在有关度量衡的记载方面则更为详尽，在如今分别藏于法国国家图书馆和英国国家图书馆的《算经》（P.3349、S.19）当中，人们发现了一些关于量度换算方面的记载，包括长度、面积、容量、重量等单位的规定及进位制，都有详细明确的说明，如长度单位“忽”：“度之所起于忽，从蚕口中吐丝为忽，忽者如一蚕丝之广。”即“忽”的长度细微到要以蚕丝的宽度来衡量，忽以上的单位，分别为丝、毫、厘、分、寸、尺、丈、引，“十忽为一丝，十丝为一毫，十毫为一厘，十厘为一分，十分为一寸，十寸为一尺，十尺为一丈，十丈为一引”。两两之间皆为十进制，许多单位我们至今仍然广泛运用于日常生活当中。《算经》同样介绍了一些具体物品的习惯丈量方法，如绢布类：“三丈为段，四丈为匹，五丈为常，十丈为引。”虽然“段、匹、常、引”这类名称并非规范的进制换算单位，但在日常社会生活中使用率非常高，唐政府每年财政收入统计中，庸调类的衡量单位就是匹、段等。单位量则有记载：“五十尺为一端，四十尺为一疋，六尺为步。二百四十步为一亩。三百步为里。”另外，《算经》中对体积、面积的计算和换算还附有一定的例题，就像我们如今的“应用题”，比如专门记载敦煌军事编制的算学题目，涉及内容有军职官阶、军事防务、兵员设置、物资设备、粮草食用和布防编制等。由此可见，敦煌作为军事重镇，对军队的具体编制、兵员配备、马匹管理等方面都有严格的规定。通过分析，不仅能了解敦煌军事方面的基本情况，也能窥探南北朝、隋唐时期军事史的发展演变。

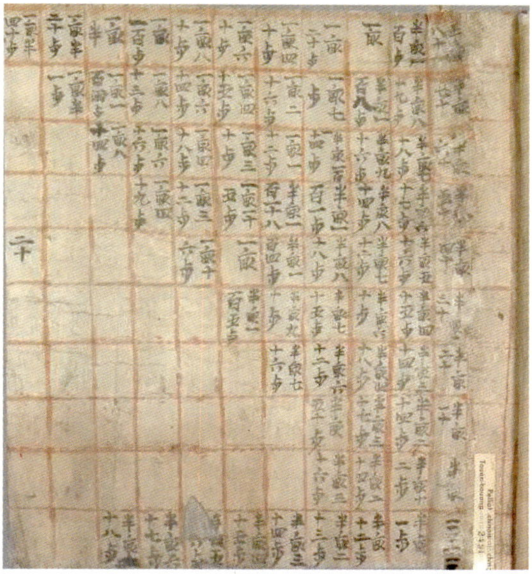
敦煌遗书《田积表》

自古至今，土地一直是民生之本，历朝历代对土地问题都极为重视，敦煌算学文献中，就有很多关于土地的计算方法。例如，在长方形田地面积的计算问题上，法国国家图书馆藏的敦煌算学文献中的《田积表》（P.2490）就向我们展示了当时人丈量计算土地的简表。《田积表》共 6 页，为册页式，又名《步水畦解》，残存的部分约为原表篇幅的四分之三。表内用朱笔画有方格，共计 15 大格（残损 4 大格）、1250 小格，呈阶梯状排列。从表中可迅速查出宽、长各为 10 步至 60 步的任何长方形田亩面积的亩步数。这种算表在历代文献中并未出现过，可谓绝无仅有，可以窥见当时田亩的计算方法及田亩制度中计量单位的情况，体现了敦煌社会土地面积计算方法上的进步。

敦煌算学文献，即体现着当时传统算学的基本面貌，又蕴含着丰富的政治、教育、军事、经济等方面的内容。以社会现实问题为基础的算题，还表现出了我国传统数学注重实际、关注现实、着眼于生活中真实问题的特点。由此我们可以看出，唐代算学已经具有了较高的水平，并且形成了体系化的教育模式。穿越时空，千年前的古人，也在和我们一起背“九九乘法表”呢！

三、溯洄千年叹起落——历史文献

（一）漫游他乡中的见闻札记

古人在游览山水或游历他国时，常常会把自己的见闻书诸纸上，记述自己旅途的经历和感想。这类特殊的文本，就形成了“行记”“游记”。行记类文书往往蕴含有丰富翔实的历史资料，尤其对异域异国的风俗有着生动有趣的记录。

在敦煌文献中，记载漫游见闻的行记类文书可以分为三类：往西域行记、往五台山行记和全国性游记。

第一类，往西域行记。“西域”这个概念的界定范围，在我国的历史上是不断变化着的。最早的西域指周朝诸地；自汉代以来，西域狭义上指玉门关、阳关以西的广大地区，而广义的西域则是指凡是由中原向西而行所能到达的地区，包括亚洲中、西部地区等。在敦煌遗书之中，记载西行见闻的行记文书有法国国家图书馆所藏的《慧超往五天竺国传》（P.3532），英国大英博物馆所藏的《西天路竟》（S.383），以及分藏于英法两国的《大唐西域记》（P.2700、P.3814、S.958、S.2695）、俄国人钢和泰（Stael-Holstein）收藏的于阗文《使河西记》等。《慧超往五天竺国传》是唐代新罗僧人慧超记述其于八世纪初前往印度求法途中所见所闻的行纪，书中详细记载了慧超由海路入天竺的路线、途径各个国家的宗教、疆域、兵力、民俗、物产、服饰、语言等情况，在时间上可以填

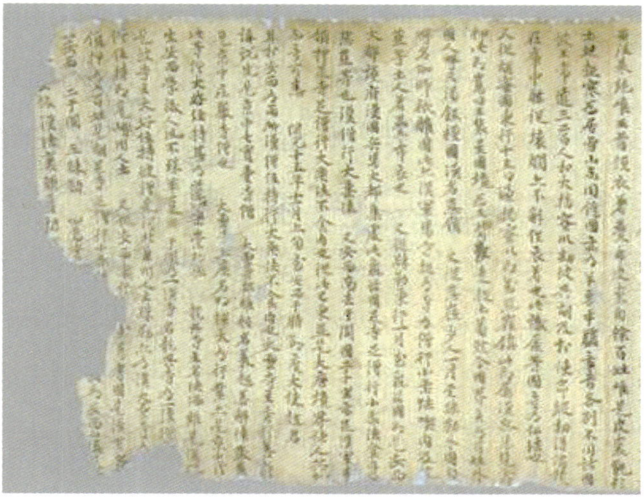
敦煌遗书《慧超往五天竺国传》

补《大唐西域记》和《悟空行记》间的空白，反映了开元盛世时西域各地区的政治与宗教状况。《西天路竟》记录的是宋太祖乾德年间（963年至968年），由宋太祖下诏，派遣157位僧侣去印度求法的经过。“路竟”的意思就是“所经过的路程”，西天路竟即是指从东京开封至西天（印度）南天竺宝陀罗山的路程。《大唐西域记》的四件残卷长短不一，分别为序、卷一、卷二、卷三的抄本，为目前所见该书最古老的本子，具有重要的校勘价值。书中记叙了唐太宗贞观年间(627年至649年)玄奘西行的见闻，包括他亲历或有所听闻的138个城邦、地区、国家的概况，描述了许多关于疆域、气候、山川、风土、人情、语言、宗教、佛寺的见闻，还编写了大量的历史传说、神话故事等。我们如今老幼皆知的神魔小说、四大名著之一的《西游记》,其中许多情节设定就是参考了《大唐西域记》中的记载,玄奘更是成了“唐僧”的原型。于阗文《使河西记》,收录了于阗使臣所写的关于沙州地理、政治、部落以及他们在沙州朝礼、施舍、祈愿等佛事活动向于阗方面的汇报，其中记载了自于阗到沙州、瓜州、肃州、甘州、凉州、朔方等地的行程，具有很高的史料价值。

第二类，往五台山行记。五台山被誉为“中国佛教四大名山”之首，同时也是“世界五大佛教圣地”之一，传说中是文殊菩萨的道场。唐代，五台山佛教的发展出现了一个高潮，据记载，此时五台山全山寺院多达三百余所，有僧侣三千余人，可以说是名副其实的佛教圣地，空前隆盛，名僧辈出。许多地处边陲的僧人都会前往五台山礼佛、游历，甚至还有印度僧侣会前往五台山巡礼。敦煌文献中就有这样的记载，如法藏《五台山志残卷》(P.2977)，英法两国均有收藏的《往五台山行记》(P.3973、P.4648、S.397)，法藏《普化大师游五台山日记》(P.3931)等。《五台山志残卷》中，介绍了五台山因何得名，反映了唐代敦煌与五台山之间的交通路线，以及当时敦煌地区的信仰情况等。由此可以推断，当时的敦煌与五台山关系密切，五台山佛教对晚唐五代敦煌地区佛教具有重大的影响。《往五台山行记》共有三卷，分别记载了某僧人从沙州出发，由朔州经雁门关入代州到五台山，即经晋北到达五台山的道路和自怀州经太原到五台山的道路，以及沿途所经州郡、驿站、关隘、村落、寺院等情况，保存了山西古代交通地理及佛教传播的珍贵史料。《普化大师游五台山日记》记载了印度的普化大师从中印度出发，行至五台山游历各寺的情况。

第三类，全国性游记。这类文献在敦煌遗书中仅存一卷，即英国国家图书馆所藏《诸山圣迹游记》(S.529)，又名《诸山圣迹志》，是一卷写本。它是敦煌写本中篇幅较长的一篇行记，具有较高的史料和文学价值，记载了五代后唐时期某位僧人游历各地州郡名山的旅行见闻。该僧人始足于五台山，历经太原、幽州、定州、沧州、汴州、扬州、洪州、杭州、抚州、福州、泉州、广州、韶州、洛京、关中等地，以及庐山、峨眉山、罗浮山、终南山、嵩山、华山等名山寺院，其足迹遍及大半个中国。文中依照行走路线，对所经过的州郡寺院、僧尼人数有着精确记载。此外，《诸山圣迹游记》还涉及了河北道、杨氏吴国所管州县数目以及许多州镇城池规模、民俗物产、经济发展情况，是研究晚唐五代时期政治、经济、民俗、佛教、州镇建置等不可多得的珍贵资料。

（二）异族统治下的历史文书

在敦煌悠长的历史当中，这块沃土并不是一直处于汉族统治者的庇护之下。唐代安史之乱爆发后，早已觊觎大唐疆土的吐蕃趁机大举东进，蚕食首当其冲的西域地区。唐代宗大历十一年（776），吐蕃军队已经攻陷了除沙州以外的整个河西走廊地区，敦煌便成为河西抵抗吐蕃进攻的唯一据点和最后防线。唐德宗贞元二年（786），敦煌终于因为外无援军、内无粮械，无奈之下在得到吐蕃不去侵扰其他地区的承诺后，与吐蕃结盟而降。由此，敦煌进入了被吐蕃统治的时期。

历史上，吐蕃侵占统治敦煌前后达60余年。吐蕃统治者在这里强制推行吐蕃化政策，逼迫沙州人民接受吐蕃落后的生产与生活方式，使汉族民众饱受外族侵凌的苦难，社会的正常发展也受到了阻碍。但在这股逆流中，敦煌地区的佛教事业却得到吐蕃统治者的全力支持，僧侣地位提高，寺院经济发达，莫高窟的开凿也久盛不衰。吐蕃统治下的敦煌，政治、经济、文化、宗教、艺术等社会生活的各个领域呈现出了一种极度的不平衡。在这种情况之下，研究敦煌地区的吐蕃历史文书，就为我们探究处于异族统治下的敦煌提供了一条捷径。

吐蕃王朝从松赞干布时期起，就已经拥有了一套完整的职官制度，而随着吐蕃文字的创立，政令的上传下达也更加准确高效。吐蕃统治者出于表功、教化的需要，特别重视对于“史事”的记载，不仅在王朝直属机构中专设“记事官”，还在各个地方机构中也设立同类的官员，专门负责记载王朝的大事，以及户籍、地亩赋税、军队兵丁名册等。不知是否有意模仿唐朝的“起居郎”“起居舍人”，吐蕃王室内府也设立了所谓的“执掌宫廷内府文书”，专门负责记录赞普本人的起居活动情况，并将之入档存库，就像我们今天的“贴身文秘”。吐蕃统治者要求管史、记史的专职官员将王朝大事进行系统地叙述和总结，以作为向后世夸耀的资本和素材。

由于吐蕃王朝统治者重视史事，所以它的史学也相对比较发达，留下了众多可供参考的文书。从敦煌遗书中的吐蕃时期藏文写卷情况来看，其中不乏专门编撰的历史著作。这一时期的敦煌历史文献多用藏文书写而成，与同时代的汉文历史文献相比，这批藏文写本更具特色，所记载的历史情况也有不少是汉文文献所缺乏的，比如古代十二小邦及邦王的名称和地理位置、各赞普巡行各地情况等。

现代版《敦煌本吐蕃历史文书》

《敦煌本吐蕃历史文书》，包括一系列藏于法国国家图书馆（P.T.1286、P.T.1287、P.T.1288）和藏于英国大英博物馆[I.O.750、B.M.8212（187）]的古藏文写卷，是记录吐蕃时代社会历史风貌的珍贵文献。其中，敦煌古藏文写卷《吐蕃大事纪年》（P.T.1288），记载了公元650年至763年间吐蕃的重大事件，包括内政和军事两部分，是吐蕃史研究的重要文献材料，历来受到藏学家和历史学家的高度重视。可以说，如果想要探讨吐蕃王朝的史实，《吐蕃大事纪年》是不可或缺的材料。虽然写卷的记事手法相对单一，句型呆板单调，大多属于公式化的句型，几乎每条记事都是套用了同样的形式。但它所记录的事实，却是那个王朝时代最真实的反映，包括王室成员与吐蕃高层官员的活动、吐蕃同其他邻国之间的交往情况等，具有很高的史料价值。

除了对于历史事实的记载外，吐蕃历史文书中还有一类有趣的文本，即所谓的“盟誓文诰”。“盟誓”，是人类社会共有的一种古老的习俗，根据《藏汉大辞典》的解释，盟誓是指“以三宝为证发誓”，也就是说以佛、法、僧三宝为证，使盟誓双方都能坚守自己的誓言，从而增进信任，或者以达到辨别真伪的目的。这与中原地区的“指天为誓”“皇天后土在上”非常相似，但汉文史书文献中极少出现类似的记载。吐蕃的“议事会盟制度”，是盟誓文诰这类文书产生的基础。议事会盟作为原始社会中较常见的一种习惯传统，可以调适各种状态与矛盾，同时还可以团结和凝聚各方面的力量，盟誓就是其中的“润滑油”“调和剂”。根据《敦煌本吐蕃历史文书》的记载，吐蕃的议事会盟制度约出现于布带巩甲时期。当时，扎氏之子茹来杰与夏岐王子为其父复仇而举行了盟誓，许下了庄严的誓词。到了松赞干布的祖父达布聂色时期，盟誓已经成为部落或氏族首领彼此联合力量、取得共同利益的一种重要手段。

关于吐蕃统治敦煌的历史，正史中的记载十分简略，也存在许多错误，人们只能零星地了解这段历史。在敦煌藏文吐蕃历史文书被发现之后，上百种翔实可靠的资料终于拨开了层层遮掩的面纱，使这段历史露出了清晰明了的面容。千载坠史，终被填补。

四、山水相逢见传承——地理方志

（一）奇山绕秀水

敦煌遗书当中，保存着大量地理方面的文献。这批地理文书除《大唐西域记》等少数几种外，绝大多数是我们前所未闻、前所未见的，它们既不为历代官私目录所载，也不为类书、史书、史注所征引。这批地理文书的面世，大大开阔了我们的眼界，使我们能更加直观地了解当时敦煌地区的地理风貌。

一般来说，地方志是我们了解一个地区地理沿革、风土人情最为直接的书面材料。它们全面地记载着某一时期、某一地域的自然、社会、政治、经济、文化等各个方面的情况，是一座包罗万象的宝库。海外敦煌遗书中，属于敦煌地方志的有：《沙州都督府图经》卷三（P.2005、P.2695）、《沙州都督府图经》卷五（P.5034）、《沙州图经》（S.788）、《沙州图经》卷一(S.2593)、《沙州图经》卷五（P.5034）、《西州图经》（P.2009）、《沙州伊州地志》（S.367）、《沙州城土镜》（P.2691）和《敦煌录》（S.5448）等。

现存法国国家图书馆的《沙州都督府图经》卷三（P.2005），原件首尾俱残，存510行，是我国现存最早的唐代图经之一。它保存了中古时代有关敦煌历史、地理、社会、文学、宗教、自然、交通以及北凉、西凉史事等多方面的丰富资料，并从未被类书、史书、史注征引，史料价值极高。其中记载了盛唐时期沙州的河流、渠道、堤堰、湖泊、寺庙、驿站、故迹、祥瑞等50余项内容。以“祥瑞”一条为例，《沙州都督府图经》卷三中记载了这样一个事件：

右大周天授二年腊月，得石城镇将康拂耽延弟地舍拨状称：“其蒲昌海水，旧来浊黑混杂，自从八月已（以）来，水清明澈底，其水五色。得老人及天竺

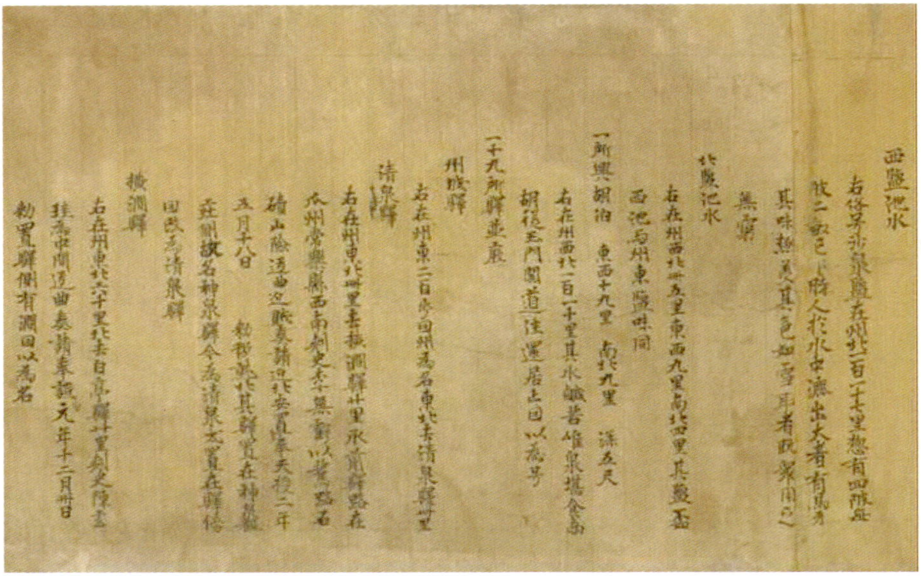

敦煌遗书《沙州都督府图经》

婆罗门云：'中国有圣天子，海水即清无波。'奴身等欢乐。望请奏圣人知者。"

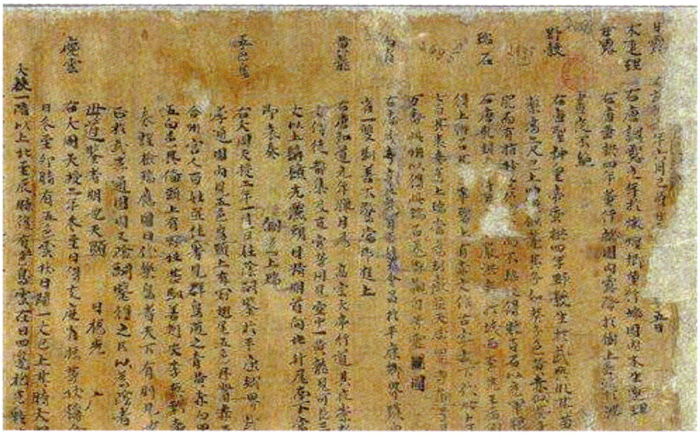
敦煌遗书《沙州都督府图经》卷三

这是一条关于天授二年（691）八月，菖蒲海（今罗布泊）出现了海水变澄清，且呈现五种颜色的"祥瑞之兆"的记载，以彰显武后武则天的英明神武、治世升平，连天都要降下祥瑞来表彰她的功绩。这种天人感应的"谶纬"之说，正是古代统治者宣扬"君权神授"，以神学来巩固王权的一种体现。

另外几部地方志当中，《西州图经》记载了西州地区的十一条道路、两所石窟和一区古塔；《沙州城土镜》《沙州图经》及《寿昌县地境》，记载了沙州及其所属寿昌县的山脉、湖泊、古迹以及唐鄯善镇附近城池沿革等；《沙州伊州地志》则记载了沙州寿昌县及伊州的河流、湖泊、城镇、烽戍、寺院、物产、山川、部落等情况；《敦煌录》主要记载了敦煌境内效谷城、贰师泉、莫高窟、鸣沙山、甘泉水、金鞍山、阳关、玉女泉、石膏山、河仓城、长城等风物的地理状况。上述这些内容，比我们之前了解敦煌地区所依据的《元和郡县图志》等文献中的记载，要丰富得多、翔实得多。

走出地处边陲的一隅，敦煌遗书中还有许多全国性的地志，如《诸道山河地名要略》（P.2511）和《贞元十道录》（P.2522）等。这批地理著作，有些属于已亡佚的古地志残卷，是研究唐代地理的重要资料，同样引人注目。

《诸道山河地名要略》（P.2511），又名《处分语》《新集地理书》，是一部由唐代韦澳撰写的地理总志，现藏于法国国家图书馆。写卷的首部残缺，尾部题有“诸道山河地名要略第二”，可知如今我们所能见到的残卷，应该是原书第二卷的部分内容。残卷尾端有“八年七月戊辰记”七个字，并不是正文，而应当是残卷抄写完成后所署的题记。《新唐书·韦澳传》中记载了创作此书的缘由：“为学士时，帝（唐宣宗）尝曰：‘朕每遣方镇刺史，欲各悉州郡风俗者，卿为朕撰一书。’澳乃取十道四方志，手加细次，题为《处分语》。”可见，韦澳作此书的目的就是方便帝王了解各个州镇的风土人情。残卷当中，记载了河东道、州、府八处，即晋、太原、代、云、朔、岚、蔚、潞。依次分别叙述了这八地的沿革、事迹、地名、山名、民俗和物产，每条都撰写有处分语，转录朝廷谕旨。我国著名的考古学家、敦煌学家罗振玉先生曾经盛赞《诸道山河地名要略》的体例，称其“为后世所遵”，在方志史上有重要的意义和贡献。

敦煌地理文书中关于各道统州县数、州县等级、处分语等方面的记载对于历史、政治、军事的研究具有重大价值，可以补充正史，或者纠正正史中的错误，而其中关于各地经济作物，如“土贡”“物产”和民俗民风的记载，则对于人文经济地理的研究具有重要价值。最后，其关于交通道路的记载为古丝绸之路的研究提供了珍贵资料，可以使我们了解沿途国家的宗教、物产、民俗、兵力、语言等情况。

（二）地灵出人杰

在敦煌几千年的岁月画卷当中，涌现过许许多多重要的历史人物。他们当中，有声名鹊起的当地望族，也有行侠仗义的一方豪杰；有造福百姓的清廉官员，也有征战沙场的勇武将领。随着敦煌遗书的重现，这一个个或熟悉或陌生的名字，重新进入了人们的视线。

中国传统文化当中，家族血缘的传承历来颇受重视。一些望族甚至可以在一定的区域内形成庞大的势力，人才辈出，如吴越钱氏，曲阜孔氏等大族。一般稍有财力的大户人家，都会建祠堂、修家谱、写家传，寄寓着家族世代绵延兴旺的美好期盼。其中，家谱又称族谱，是一种记载家族世系繁衍脉络及重要人物事迹的表谱；而家传则是一种记述家族中发生的重大事件及名人事迹，传至后代供子孙了解家史、追忆先人的传记。敦煌遗书中，就有这样一些记录敦煌世家大族本族世系活动事迹以及重要人物传记的家谱和家传。如现藏于法国国家图书馆的《敦煌名族志》（P.2625）写本残卷，仅存94行，内容主要围绕“张、阴、索”这三个姓氏，记载了五代宋初敦煌大族张氏、阴氏、索氏的一些家族情况。现藏于英国国家图书馆《敦煌氾氏家传》（S.1889），则是敦煌文献中唯一的一部家传，专门记载了敦煌大姓氾氏家族从济北卢县迁居到敦煌之后的生活情况和人物传记。在敦煌氾氏的家传当中，虽然大部分为历史事实，却也有一些无法确定其真实性的部分。比如在叙述家族的起源时，家传中说：“氾氏之先，出自有周，帝喾之苗裔也。”帝喾所处的三皇五帝时期实在太过久远，一直以来在人们的观念中都以神话传说的形式出现，如今我们已经无法探究其作为“氾氏先祖”真实性。当然，《敦煌氾氏家传》《敦煌名族志》还是为我们提供了大量第一手的可靠资料，结合敦煌所出的各种碑传、铭刻、赞、墓志文献资料，共同反映出了敦煌地区各姓族起源、迁徙和形成的史实，是我们了解古代敦煌遗民史、民族融合史的珍贵资料。

除名门望族之外，有另一类人的身影活跃在敦煌遗书的方志史料当中，他们就是曾在这块土地上从事政治活动、建立统治政权的人们。唐会昌二年（842），吐蕃王国发生了严重的内乱，势力大大衰退，在敦煌地区的统治也随之开始动摇。大中二年（848），沙州大族张议潮趁机率领各族人民发动了起义，一举赶走了吐蕃统治者，重新占领了沙州和瓜州，并派遣使者归降唐朝。随后，唐朝在沙州设置了“归义军节度”，任命张议潮为节度使，敦煌地区进入了归义军统治时期。张氏归义军政权面对吐蕃统治留下的“烂摊子”，努力在辖区内全面恢复唐制，重新登记人口和土地，制定新的赋税制度；同时恢复唐朝的服装，推行汉化。这些措施迎合了以汉人为主体的当地民众怀恋故国的心理，得到了百姓们积极的拥护和支持。很快，敦煌就焕发了新的生机，以张议潮为首的归义军政权也在河西站稳了脚跟。此后的数年里，张议潮多次率军击退异族的侵扰，于咸通二年（861）终于攻克了吐蕃，夺回了河西重镇凉州。至此，归义军的势力达到了极盛，而敦煌则又一次成为西北地区的政治中心。张议潮以一颗赤诚之心，战胜千难万险，收复了沦陷故土，是一名名副其实的伟大英雄。人们给予了他这样的高度评价："坐筹帷幄之中，决胜千里之外，四方犷犴，却通好而求和；八表来宾，列阶前而拜舞。北方猃狁，款少骏之駃蹄；南土蕃浑，献昆岗之白璧。"张议潮去世后，安西的回鹘再次叛唐，出兵占领了肃州、酒泉、西桐地区。张议潮的侄子张淮深，率领河西军民进行了英勇的反击，活捉了回鹘首领，俘获士卒上千人。张淮深继张议潮之后，尽力经营河西，多次打退了边境蛮族对河西地区的进犯，当地人民热情讴歌他道："天生神将足英谋，南破西戎北扫胡。万里能令烽火灭，百城黔首贺来苏。"现藏于法国国家图书馆的《张氏勋德记》（P.2762）、《张淮深墓志铭》（P.2913V），详细记载了这位归义军领袖张议潮，以及他的父亲张谦逸、兄长张议谭、侄子张淮深的生平事迹。此外，《河西节度使判集》（P.2942）则是我们研究唐代河西政治史的重要原始材料。

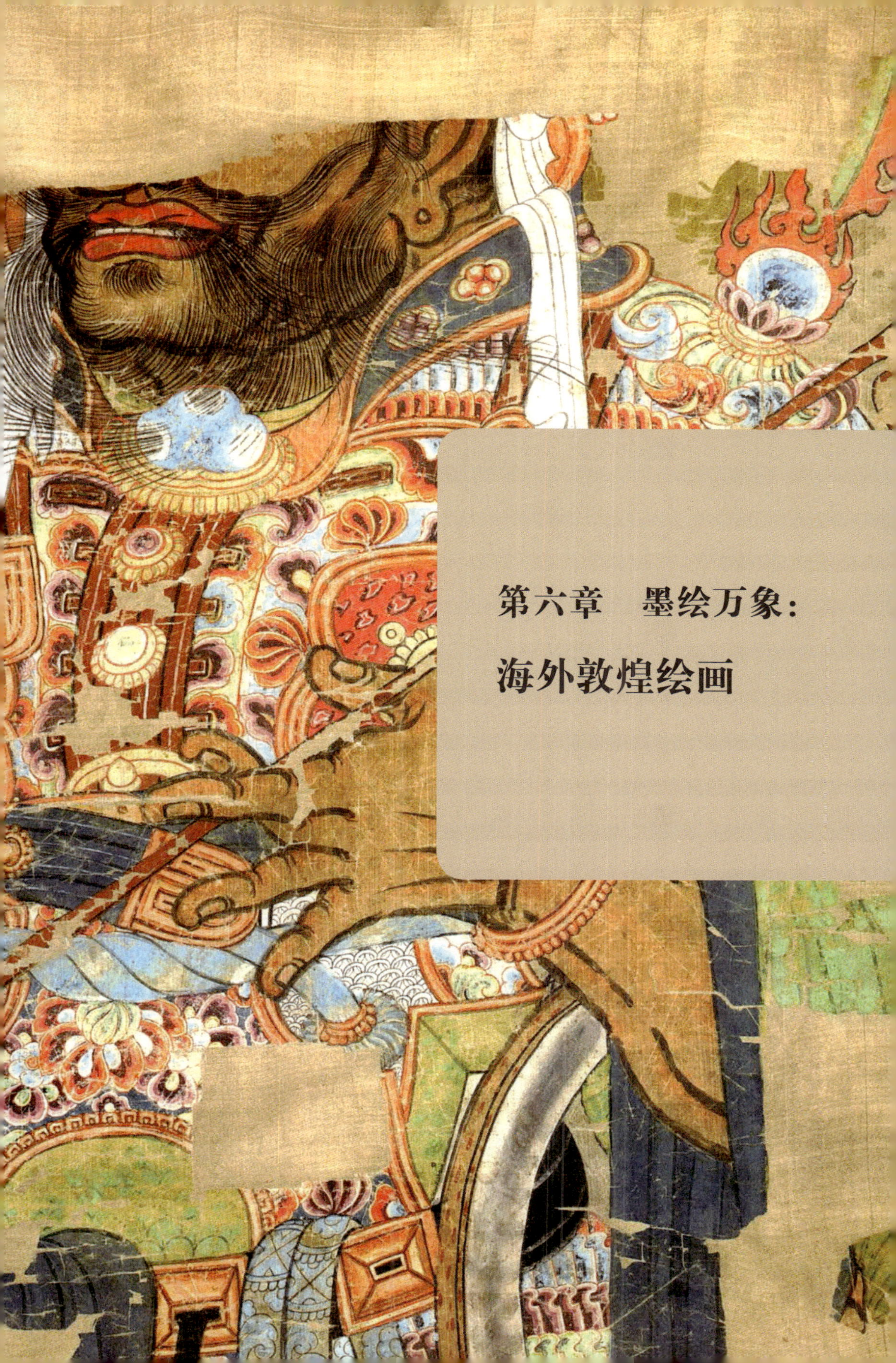

第六章　墨绘万象：海外敦煌绘画

敦煌绘画艺术表现的内容异常丰富，有描写佛教崇拜的各种神像，有以佛经为依据的故事画、经变画，有以表现施主形象为主的供养人像，还有一些传统题材的画面及装饰图案等。略加严格地划分，敦煌绘画艺术应包括壁画与绢画两部分，我们今天在国内所能见到的只是壁画，发现于莫高窟藏经洞内的绢画在20世纪初年由于外国人的恣意掠夺，流失极为严重，大多保存于外国的博物馆中，国内几乎荡然无存，良可浩叹。

一、宝相庄严——佛祖

（一）东方、中央、西方：三方佛

三方佛，又称“横三世佛”，指中央释迦牟尼佛、东方药师佛和西方阿弥陀佛。佛教界有说法认为，三方佛为同一佛，只是为了救度众生而化为了不同的化身。

中央释迦牟尼佛，主管中央娑婆世界，他有两位胁侍——“大智”文殊菩萨和“大行”普贤菩萨，他们三者并称为“华严三圣”。释迦牟尼本名乔达摩·悉达多，“释迦牟尼”是后人对他的尊称，意为“释迦族圣者”。作为佛教的创立者，释迦牟尼是最本初的“佛陀”，是世界的教化主，他的法身即是藏传佛教崇敬的大日如来。

东方药师佛，主管东方净琉璃世界，他有两位胁侍——日光普照菩萨和月光普照菩萨，他们三者并称为“东方三圣”。信众在祈祷于药师佛时，一般情况下主要目的是祈求现世的安乐。药师佛可以保佑世人消灾、延寿、去病，因此许多上年纪的老人或是久病缠身的病人都会礼拜药师佛，以此来祈求健康长寿。

西方阿弥陀佛，主管西方极乐世界，他有两位胁侍——“大勇”大势至菩萨和“大悲”观世音菩萨，他们三者并称为“西方三圣”。信众在祈祷于阿弥陀佛时，一般情况下主要目的是祈求死后的解脱。汉传佛教认为，阿弥陀佛主要是以其愿力，引渡众生到极乐世界，脱离苦难的轮回，因此人们也称其为“接引佛”；又因为该佛有无量寿命与光明，也有“无量寿佛”“无量光佛”之称。在藏传佛教当中，他被称为月巴墨佛，也是长寿的象征。

《树下说法图》是敦煌藏经洞画作中创作年代最早、保存状态最完好的一件作品，现藏于英国大英博物馆。这是斯坦因所获藏经洞文物中时代较早的一幅绢画，创作时间大约在初唐，为绢本设色，高 139 厘米，宽 101.7 厘米。此图为佛传图的中间一节，整个画面以红色为主色调，渲染出一种庄严肃穆的氛围。宝树华盖之下，释迦牟尼身着朱红色袈裟，结跏趺坐于中央的宝莲台之上，形象最大，表情肃穆庄严，正在向周围的众菩萨、比丘说法。这尊释迦牟尼像造型饱满，表情生动，就像一幅佛陀的“标准像”。值得一提的是，这幅作品在表现人物肌肤的立体感方面有着独特的技法——除了线描本身的刻画，自北朝以来从西域所传的“晕染法”起了至关重要的作用。这种方法通常要沿着人物的轮廓线向内晕染，达到边缘部分颜色深、中心部分颜色浅的效果。为了表现出人物肌肤的“高光”效果，常常在鼻梁、眉骨、脸颊等面部的凸出部位先用白色上色，再以肉色晕染，表现出肌肤质感的细腻变化。仔细观察这幅作品中的释迦牟尼形象，我们可以发现其额头、眼眶、鼻梁、下巴都相较于其他面部区域颜色更亮，也更具有立体感，佛陀的眼神似乎透出无限的悲悯。这种生动细腻的表现效果，与其绘画时独特的晕染技法是分不开的。

《药师佛、文殊、普贤菩萨图》是斯坦因所获敦煌藏经洞文物中的一件较小型的作品，现藏于英国大英博物馆。此图的创作年代应为五代后晋时期天福四年（939），为绢本设色，高 74 厘米，宽 61 厘米。图中靠上部分的正中为药师佛，结跏趺坐，一手作说法印，一手托钵。佛的右侧有一位双手合十盘腿而坐的菩萨，身边题有榜书“闻随补贤菩萨”;佛的左侧也有一位同样姿态的菩萨，身边题有榜书“闻随师离菩萨”。靠下部分有双手持花跪地的一对男女供养人，

敦煌遗画《药师佛、文殊、普贤菩萨图》

身后还有一些侍女、侍从。此图虽然有比较严重的残损，但其上附有明确记录创作年份的题记，因此成了考证 10 世纪时绘画发展的珍贵样例。图中药师佛的身体用深橙色描绘，略加了图式化的晕染，上衣间露出的胸口部分呈长方形。左右两尊菩萨的比例稍显怪异，上半身格外长而下半身极短，这可能是因为两位菩萨的台座低于佛祖，而三者的头部和华盖却几乎处于同一高度。文殊菩萨的脸部没有涂彩的痕迹，保留了只有墨线描底的原貌。绢画正中的榜书残毁也比较严重，隐约可见“今且（缺字）病药……”字样，可以由此推测出当时人们祈求药师佛消灾祛病、保佑安康的美好愿望。

《阿弥陀佛说法图》是伯希和所获敦煌藏经洞文物中的一件作品，现藏于法国吉美博物馆。此图创作于唐代，为绢本设色，高 59.6 厘米，宽 54.5 厘米。这是一幅最早的关于描绘极乐世界的画作。极乐世界，又称西方极乐净土，是佛教幻想的世界，那里没有众生苦难，只需享受诸乐，不受尘世污染；因为它远在西方，民间又将其称为“西天”。在这幅描绘极乐净土世界的图画中，阿弥陀佛端坐于宝树华盖下，右手结印，表情安然，正在诸位菩萨的围绕之下说法。众菩萨或目视佛祖，或垂首倾听，神态十分认真肃穆。整幅画面设色典雅柔和，线条流畅飘逸，人物的面部神态端庄秀美，衣冠服饰华丽精致，堪称是一幅杰作。尽管这幅画作的损毁程度较高，但从它残留的一角，我们依然能感受到盛唐时代富丽堂皇的气象。

（二）过去、现在、未来：三世佛

三世佛，又称“纵三世佛”，指以燃灯佛为代表的过去诸佛、以释迦牟尼佛为代表的现在诸佛和以弥勒尊佛为代表的未来诸佛。又称十方佛、一切诸佛。三世佛从时间维度体现佛的传承关系，表示佛法永存，世代不息。佛经中说，燃灯佛生时身边一切光明如灯，他曾为未成佛时的释迦牟尼“授记”，预言释迦将来会成佛，因此称燃灯佛为过去佛。佛经中还提到，弥勒佛将继承释迦的佛位而成佛，因此称弥勒佛为未来佛。藏传佛教认为，如来佛之前有几位更早的过去佛，比如过去七佛中的第六佛迦叶佛。

《燃灯佛授记图》是一组画中的一幅，为四场景中的第一个场景，现藏于英国大英博物馆。组画中的其余部分藏于新德里国家博物馆内。此图创作于唐代，为绢本设色，高 60 厘米，宽 16.5 厘米，是佛幡上的一个局部。据说，释迦牟尼前世还是善慧童子时，见一位王族女子拿着许多青莲花，就花了五百钱买来五枝，奉献给燃灯佛。又传说，在过去无量劫中，有一

敦煌遗画《燃灯佛授记图》

天善慧童子在路上行走，正巧遇到燃灯佛也在路上走着。善慧童子发现地面有一摊污水，心想佛是赤足行走，这污水一定会弄脏了佛的双脚。就顿发大心，亲身扑在地上，还用自己的头发铺在污水上面，等着燃灯佛从他头发上走过去。当时燃灯佛看到善慧童子这种布发掩泥的情景，就授记说："善男子，汝于来世，当得作佛，号释迦牟尼。"此图描绘的正是燃灯佛手摸年轻修行者的头，为他授记时的场景。

《炽盛光佛并五星图》是一幅斯坦因所获的敦煌遗画，现藏于英国大英博物馆，它的创作时间为唐代乾宁四年（897），绢本设色，有立轴，高 80.4 厘米，宽 55.4 厘米，绘画上端残留有宽幅紫色绢，说明它曾经被当作挂幅使用。此图不仅有纪年，以主题来说，也是佛教绘画中最珍稀的作品之一，是难得的范例。炽盛光佛是释迦牟尼的教令轮身，其变相开端于唐，大盛于宋元，流风所及辽夏，一直延续至明朝。"炽盛光佛并五星"这一画题，与纪年同时记录在供养题记当中。此画由主尊炽盛光佛和五星组成，都乘同样的五彩云。画面正中的炽盛光佛放射着巨大的光芒，象征着震慑的力量。炽盛光佛乘坐在一辆向左行进的牛车之上，牛车上方华丽的彩色华盖及火焰纹随风飘向右侧，以示牛车急速向左方驰骋，极富动感。此画中最具特色的是以人形出现的"五星"形象——他们在牛车周围按照逆时针的方向依次排列：木星（北极星）身披黑袍，头戴猿冠，手持纸笔，以妇人形象出现；水星（岁星）身着青衣，头戴猪冠，手捧花果，以官人形象出现；土星（土宿星）左肩袒露，头戴牛冠，手持锡杖，以婆罗门形象出现；金星（太白星）身着白衣，头戴鸟冠，弹奏琵琶，以妇人形象出现；火星（南方荧惑星）右肩袒露，戴驴马冠，手持武器，以外道形象出现。牛车前方的祭坛上，摆放着一套精美的祭器。它们用了墨描，当初可能是用了金色晕染。祭坛周边围着垂幕，刺绣的桌布垂到驾辕的雄牛背上。

《弥勒佛倚坐图》也是由斯坦因所获的敦煌遗画，现藏于英国大英博物馆。

它创作于五代或北宋时期，即公元 10 世纪中叶至末期，为绢本设色，高 64.6 厘米，宽 39.4 厘米。此图表现的是弥勒佛说法的场景：弥勒佛身着双领下垂式袈裟，双手当胸结说法印，双足自然下垂于小莲台上，全身呈善跏趺倚坐安住台座之上。他发髻高隆，脸庞方圆，双耳垂肩，神态慈悲安详。弥勒佛身后背光边缘处装饰有红色的火焰纹，全身罩在巨大白色圆相中，圆相被赤茶色线括起，显得宁静庄严。画面下方，左侧有一女供养人，身后有侍女随立；右侧有一男供养人，身后有侍从侧立。

敦煌遗画《弥勒佛倚坐图》

《弥勒说法图》是由毕业于哈佛大学的艺术鉴赏家、收藏家、慈善家温索浦（GrenvilleL.Winthrop）在 1943 年捐赠给哈佛艺术博物馆的一幅敦煌麻布画。它创作于五代时期，为麻本设色，高 175 厘米，宽 115 厘米。画面上方中央为身披朱红色袈裟的弥勒尊佛，右手结印，双足自然下垂；众多菩萨罗汉环绕在佛祖身边，神情肃穆。在画面下方中央位置有发愿文，明确记载了此图绘于天福十年（945）。这篇发愿文极为完整，具有很珍贵的参考价值，全文为：“永宁坊济北创建功德记。窃以应诞释氏，传方教流，十方之极，如来出现，敷演一切。是以开八万之法门，玄朱三千之世界。所以慈颜张（长）生，比合将（于）十地，真人来归，利育人民，化风尧之本赴。今则有清信佛弟子李恒安、弟安信、留安、富定等发心敬绘大圣弥勒佛一躯并侍从。先奉为国安人泰，社稷恒昌，亡过先代，灵魂承生净土，永在西方净域，愿值龙华之会。次为见存合家诸(枝)罗，保愿平安，清受延龄之福。远近庄饰，来往无滞亭(停)。今因启愿，永充虔诚，一心供养。于时天福拾年乙己岁七月六日题。”画面下方，还有一排六男五女共十一人的供养人画像。

二、温柔慈悲——菩萨

(一) 水月观音

在佛教当中，菩萨的地位仅次于佛，是协助佛传播佛法、救助众生的人物。菩萨在古印度佛教中为男子形象，流传到中国后，菩萨温柔慈悲、具有“人情味”的形象深入人心，成了其代表特质，菩萨便逐渐转为女性形象。佛教雕塑中，菩萨多以古代印度和中国的贵族的服饰装扮，显得格外雍容宁静、华丽优雅。其中，最受百姓欢迎、知名度最高的，就要数观音菩萨了。据统计，敦煌藏经洞流失海外的遗画中，观音的画像占到作品总量的几乎一半，在被供奉的主尊画像中排位第一。观音像不仅数量多，而且品类造型也十分丰富，比如为人所熟知的正观音、水月观音、多面多臂观音、千手千眼观音、如意轮观音、不空胃索观音等。

自在观音，又称舒相观音、如意观音、游戏观音、翘脚观音、风流观音、紫竹观音等，因其神态端庄柔美、身姿风流娴雅，极具美感，被誉为“东方的维纳斯”。《法华经》中说道，观音菩萨有三十三个不同形象的法身，画作“观水中月影”状的，称为水月观音。后人也常常用“水月观音”这个词来比喻人物的仪容清丽、样貌俊美。

水月观音图，是由中晚唐时期的画家周昉创制的一种观音画的新式样。根据张彦远《历代名画记》中“菩萨、圆光及竹”的描述，以及白居易的“净渌水上，虚白光中”的赞词，我们可以得知水月观音图的基本组成元素包括“菩萨”“圆光”“竹”“水”等，其中，菩萨作为水月观音图中的主角，一般被安排在画面的中心。敦煌现存的水月观音图达三十余幅，创作时间涵盖五代、宋、西夏、元各个时期，可见其在佛教绘画中占有非常重要且稳定的地位。

敦煌遗画《水月观音》

收藏于法国吉美博物馆的《水月观音》，是学界所公认的最早的一幅水月观音图。它创作于五代后晋天福八年（943），为纸本，是一幅观音菩萨抱膝而坐的造型绘像。此图将“大悲观世音”和“水月观音”两图进行了巧妙的组合，大悲观音为主图，水月观音为辅图。图中，观音菩萨头戴卷云纹高冠，嘴上有蝌蚪胡，上身赤裸斜披红帔，下着红色长裙，全身装饰有项环、臂钏、璎珞等。双手十指交叉，紧抱左膝，抬头仰望；右腿下垂，脚踩莲花，左腿翘起横置于右腿上，呈四分之三侧面坐于石座上。比较有趣的是，图中发愿文中，明确声明“创此新图”，可见其在题材上确实是别具一格、独创先声。

与吉美纸本《水月观音》极为相似的，是现藏于英国大英博物馆的一幅《水月观音》，此图同样创作于五代时期，为纸本，图中所绘的观音形象几乎与吉美纸本《水月观音》相同。

在法国吉美博物馆所藏的另一幅《水月观音》中，水月观音的形象则与前两幅存在一些差别。此图创作于北宋，为绢本设色。图中观音菩萨头戴山形化佛冠，嘴上有蝌蚪胡，上身赤裸斜披红帔，下着红色长裙，全身装饰有项环、臂钏、瓔珞等。菩萨目视前方，左手托宝瓶，右手持杨枝，右腿横置，左腿下垂，脚踩莲花，呈四分之三侧面向右半跏趺坐。与上文提到的两幅《水月观音》相比，主要存在左右腿姿势互换、身体朝向相反等差异。

美国弗利尔美术馆收藏的《水月观音》图，与抱膝或半跏趺坐的观音像不同，图中的水月观音结跏趺于莲台。根据绢画下部题写的“于时乾德六年（开宝元年）岁次戊辰五月癸午朔十五日丁酉题记”，我们可以得知它的准确创作日期，即公元 968 年 6 月 13 日，属于北宋时期。图为绢本设色，高 107 厘米，宽 59 厘米。图中观音头戴山形高冠，上身赤裸斜披红帔，下着红色长裙，全身装饰有项环、臂钏、瓔珞等。目视前方，右手上举持杨枝，左手搭于左膝，指间提长颈净瓶，呈正面结跏趺坐于莲座上。图中配有题记称像主为“南无大悲救苦水月观音菩萨”。此图是 1902 年敦煌县令汪宗翰从王道士处索要的精品文物之一，1904 年 8 月，汪宗翰将此图赠给了甘肃学政叶昌炽，后来又归南林蒋氏所有，最终辗转落于华盛顿史密森学会，收藏在弗利尔美术馆。

（二）千面千手

随着佛教密宗的兴起，唐代开始出现各种类型的“多面变化观音”造像。起初，流行“十一面观音”，以武则天时期最为盛行。之后。又逐渐兴起如“千手千眼观音”之类的各种变化观音，而且各类观音的造型互有借用。

变化观音的流行，与观音随机应化、解救众生的慈悲品格相一致。需要特别强调的是，如敦煌遗画中所展示的，许多多面变化观音的画像本身自成一铺“曼荼罗”，即借助画像所绘制的坛法，达到藉相悟体、修持密法的作用，这跟一般菩萨画像的功用是存在很大区别的。

十一面观音，为六观音（千手观音、圣观音、马头观音、十一面观音、准提观音、如意轮观音）之一，主救济阿修罗道，给众生以除病、灭罪、增福的现世利益，除恶导善，引众生入佛道。所谓的十一面，是观音为了感应不同阶层的众生而做的方便化现。慈悲相、嗔怒相、白牙上出相，分别对治善、恶、净三类众生，大笑相对治杂秽众生，而顶上则是为修行大乘佛道众生说法的佛面。

敦煌遗画《十一面观音菩萨图》

在唐代玄奘法师所译的《十一面神咒心经》中有一段话非常详细地描述了十一面观音的具体形象和重要特征，同时也规定了十一面观音图的绘制要求："若欲造立此神咒者，应当先以坚好无隙白旃檀香刻作观自在菩萨像，长一磔手半，左手执红莲花军持，右臂以挂数珠，及作施无畏手。其像作十一面，当前三面作慈悲相，左边三面作嗔怒相，右边三面作白牙上出相，当后生一面作暴恶大笑相，上一面作佛面，像诸头冠中皆作佛身。"早期的十一面观音造像就是按照这种要求完成的，像的主面与身体呈正常比例，小面与主面的尺寸相差较大，诸小面像花蕾一样排列于主面周围，如同菩萨的花冠饰物。主面头上一般环置十小面，最上置佛面。

《十一面观音菩萨图》，现藏于法国吉美博物馆。它创作于北宋时期，为绢本设色，高 101.5 厘米，宽 60.7 厘米。画面上方为十一面观音像，结跏趺于莲台之上，左右分别有四臂持不同器物。在观音像周围，环绕有菩萨、天王、力士、飞天等众多佛国形象，大致呈左右对称分布。画面下方为供养人画像，左侧为身着官袍的男供养人，身后侍立着一名彩衣小童；右侧为一身着僧袍的比丘，身后侍立着一名小比丘尼。两位供养人相向对坐于矮几之上，中间写有题记："亡姊大乘寺坛头阇梨妙达邈真一心供养"，"信士弟（子）衙前节度押衙银青光禄大夫检校太子宾客兼御史大夫上柱国程恩信奉为亡姊敬画功德一心供养"。

千手千眼观音，又名千眼千臂世音、千手观音、大悲观音，同样属于六观音之一，能破除地狱道众生的三种障碍。据密宗经典《千手千眼观世音菩萨广大圆满无碍大悲心陀罗尼经》中记载，观世音菩萨在过去无量亿劫中，也就是无法描述记载的遥远过去，跟随千光王静住如来修行菩萨道，闻听如来宣讲"大悲心陀罗尼"，当下从初地证到超八地。心生欢喜，就此发下誓言：愿我当来可以利益安乐一切众生，就让我身上即时生出圆满的千手千眼。发是愿已，应时千手千眼悉皆具足。此时，十方大地一起震动，十方诸佛一齐放射出超出日月的大光明。

千手千眼观音的造型最特殊的是首、眼、手三大部分。除了正常人体构造的两眼两手之外，左右各具二十手，手中各有一眼，四十手、四十眼配于二十五首，而成千手千眼。佛教中讲，观世音菩萨以修证圆通、无上道故，能现众多妙容，由一首三首乃至一百八首，千首，万首，八万四千烁迦罗首；由二臂四臂乃至一百八臂，千臂，万臂，八万四千母陀罗臂；由二目三目乃至一百八目，千目，万目，八万四千清净宝目。

千手千眼观世音像之四十正大手，各持不同之法器，用以表示息灾、降服、祈愿的含义。据《千手经》所载，若为种种不安求安稳者，当于胃索手；若求富饶种种珍财资具者，当于如意珠手；若为降服一切鬼神者，当于宝剑手；若为腹中种种病者求，当于宝钵手……如此等等。

敦煌遗画《千手千眼观世音菩萨图》

《千手千眼观世音菩萨图》，是一幅极其精美、描绘细致、色彩鲜艳的晚唐观音画像，为绢本设色，高 222.5 厘米，宽 167 厘米，现藏于英国大英博物馆。此图中央部分的大圆光中，主尊千手千眼观音菩萨结跏趺坐于精美莲座之上，顶有华盖，头光由尖形光芒重叠组成，外圈为蓝色火焰纹。此图中的观音菩萨头戴宝冠，顶有化佛，眉间有白毫，斜披红帔，身佩项圈、瓔珞、臂钏、腕钏等饰品。菩萨面庞圆润、五官秀美，神态安详、法相庄严。胸前上二手各拈长茎莲花，中二手当胸合十，下二手置于腹前结禅定印。身侧各手执日轮、月轮、莲花及净瓶等不同持物。身后有无数双小手，每只手画有一眼，组成圆轮背光，外圈绘红色火焰纹。在此图上方的左右两角，分别绘有乘鹅车的月光菩萨和乘马车的日光菩萨；下方的左右两角则绘有供养人像。不难看出，在这幅图中观音菩萨所占的面积尤为突出，只是在四个角落给日天子、月天子和两个供养人留有很小的位置，其目的是突出观音的无量法力和功德。从图中的观音像可以看出画师对于线描技术纯熟的驾驭功力，青色和橙色的线描从容舒和地勾勒出瓔珞、手部的细微之处，疏宕不失沉着，古朴不乏灵动。除此之外，尽管一些画面出现脱色、残破的现象，我们仍能从留存下来的部分看出其敷色技巧也极为高明，如莲花宝座上花瓣的用色，依稀可以看出此图在最初绘制时焕然明丽的色彩。

三、威武肃穆——天王

（一）持国护众生，增长传慧根

所谓天王，即身居欲界六天之“最下天”的护世四天王，是佛教中的护法天神，俗称“四大金刚”。最下天位于须弥山的半腹，半腹又有犍陀罗山，山上有四座山头，四天王各居一山，各自护守一方天下，因此也被称为“护世四天王”。根据《止持会集音义四王天》所讲：“东方持国天王，谓能护持国土，故居须弥山黄金埵。南方增长天王，谓能令他善根增长，故居须弥山琉璃埵。西方广目天王，谓以净天眼常观拥护此阎浮提，故居须弥山白银埵。北方多闻天王，谓方，故居须弥山水晶埵。”

敦煌遗画《持国天王像》

在一般的佛教绘画中，我们不难发现，天王的形象几乎全以武将的形象出现：身披铠甲，八面威风。而具体到每一位天王，仅从程序化的服饰、面容很难对应，所以必须依靠供养题记或是其手中所持的法器来断定身份，即如东方持国天王持弓箭，西方广目天王持宝剑，北方多闻天王持长戟，南方增长天王持棒。

持国天王，名多罗吒，“持国”意为慈悲为怀，保护众生，护持国土。他住在须弥山白银埵，身为白色，穿甲胄，手持琵琶或阮琴，这里有两层含义：一是弦乐器的松紧要适中，太紧则易断，太松则声不响，象征着“中道之法”；二是要用音乐来使众生皈依佛教。持国天王主守东方，是东胜神洲的护持天王，因此被称为东方持国天王，以乾闼婆、紧那罗、富单那、毗舍阇等为部众，是“二十诸天”中的第四天王。借用《西游记》中佛祖对东胜神洲的概述，东胜神洲者“敬天礼地，心爽气平”。这说明，东胜神洲的众生的觉悟很高，完全处在一个高度文明的社会，教化这样一个社会，只有音乐才是最合适的，所以持国天王以寓教于乐的方式，度化和管理这里的众生。

增长天王，名毗琉璃，“增长”意为能传令众生，增长善根，护持佛法。他住在须弥山琉璃埵，身为青色，穿甲胄，手握宝剑，这里有两层含义：一是宝剑象征智慧，有“慧剑斩烦恼”一说；二是要保护佛法不受侵犯。增长天王主守南瞻部洲，即我们俗称的“东土大唐”，以鸠盘荼、薜荔多等为部众，是“二十诸天”中的第五天王。大唐地界经历了隋唐战乱，虽然文明程度很高，但也相应出现了更多的欲望争斗，正所谓口舌凶场、是非恶海。面对这样一个既文明发达又凶狠残暴的部洲，只有刚柔并济才能应对。增长天王的“增长”，其含义就是希望南瞻部洲的人在悟性方面和佛性方面有更大的增长，自我完成顿悟和皈依。否则，就只能以暴制暴，用武力来镇压威慑。

现藏于英国大英博物馆的《持国天王像》是一幅唐代的作品，为水墨绢画，高 60 厘米，宽 18.5 厘米。画中的持国天王手中拈着一支羽箭，目视前方，神态肃穆。他双腿分立，脚踩于青面獠牙的地鬼之上。有趣的是，地鬼手中还捉有一条张嘴吐信的红色蟒蛇。大英博物馆所藏的另一幅《持国天王像》同样为唐代绢画，高 40.5 厘米，宽 15.5 厘米。画中天王披铠甲，戴头盔，两腿分立，左手持弓，右手持箭。独眼卷发、上身赤裸的地鬼，正在龇牙咧嘴地用双臂托住天王的双脚。此图中，铠甲衣带的描绘颇具特色：天王肩上披圆环状鳞甲，橙黄色的甲片与鲜红色的边革形成了鲜明的对比；腰围虎皮，下身围护长方形甲片编成的护甲。有一个细节很有意思：天王衣带上依稀可辨涂有白色颜料的脱落痕迹，而个别地方如腰带上兽饰的眼和角，地鬼的独眼、獠牙，其白色颜料依然鲜亮。我们可以大胆地推测，这也许是由当时颜料质量不一导致的。

（二）广目察世相，多闻散福德

广目天王，名毗留博叉，“广目”意为能以净天眼随时观察世界，护持人民。他住须弥山水晶埵，身为红色，穿甲胄，一手托宝珠，另一手上缠有一条龙或蛇，这里有两层含义：一是表世间多变，而心境不变；二则示意自己为龙神的首领。广目天王主守西牛贺洲，以龙王等为部众，是“二十诸天”中的第六天王。西牛贺洲大部分众生都处于灵山的势力范围之内，在这样的社会当中，观察世界、增长见识比基础的温饱更为重要。广目天王洞悉天下万物万事，是一位尽职的

敦煌遗画《广目天王像》

传播者，将无边的见闻和福德散与大众。

多闻天王名毗沙门，“多闻”意为颇精通佛法，以福、德闻于四方。他住在须弥山黄金埵，身为绿色，穿甲胄，左手握银鼠，右持宝伞（或作宝幡），这里有两层含义：一是伞盖代表着保护自己的内心不受外界环境污染；二是宝伞可以用以庇佑世间免遭魔神危害，护持人民财富。因此，多闻天王又名“施财天”，是古印度的财神。多闻天王主守北俱芦洲，以夜叉与罗刹为部众，是“二十诸天”中的第三天王。北俱芦洲是一个蛮荒之地，当地众生愚昧不开化，管理的重心是普及教育和增长经济。而多闻天王见多识广，可以令众生多听多学，开蒙启智。

现藏于英国大英博物馆的《广目天王像》是一幅唐代的作品，为绢本设色，高 45.5 厘米，宽 16 厘米。此幅广目天王画像的装束非常华丽，神态深沉内敛。被天王所踩踏的地鬼全以线描绘制，并非常见的长发鬼怪形象，而是无发的“秃头鬼”，多了几分人类的特征。同样藏于大英博物馆的另一幅《广目天王像》，创作于稍晚的五代时期。此图中广目天王身着红、绿、蓝、橙、黑五色组成的甲胄，瞠目而怒叱，十分英武威严。被其踩在身下的青色地鬼跷脚而坐，以手撑地，同时血口大张，露出了雪白的獠牙。

现藏于英国大英博物馆的《行道天王图》，表现的是多闻天王在天界军队的陪同下巡查自己领地的场景。此图创作于唐代，为绢本设色，高 37.6 厘米，宽 26.6 厘米。它的规模虽小，但在敦煌出土的绘画类作品当中是最精细的作品之一。此图中心画面之外，在上方留出了 8 厘米、下方留出了 11.5 厘米宽的紫色和黄色装裱部分，整个作品保存状态良好。图中，多闻天王与侍从乘着赤紫色祥云，横渡波浪起伏的海

敦煌遗画《行道天王图》

面，水平线的另一岸有连绵的山脉。多闻天王身形高大，有侍从们的两倍，右手持矛枪，从左手腾起的赤紫色祥云上载着宝塔，宝塔中有坐佛。由多闻天王两肩升起的鲜艳火焰，被风吹得向后飘摇；配有华丽装饰的冠的两侧，有白色的缎带随风飘动，整个画面显得极富动感。多闻天王身前是他的妹妹功德天，她举止优雅，向同一方行进却回头看，手捧盛满花的金色盘。其对面的婆薮仙，以手持金杯、缠白腰布、脚穿靴的白发老人的形象出现。此画中还有一些无法准确辨明身份的其他诸像，如其后有身着绿衣，手持火焰宝珠的一健壮像；左方也有一身头戴冠的合掌像；离他很近的后方，有一长着美丽的胡须，头戴奇特帽子的像，拉开弓箭的架势，像是要射向画面右上角慌忙飞过的迦楼罗。

天王的画像多出自于幢幡，由于幡的主体幡身是一狭长的绢带，画面所限，因此呈现给观者的画像基本上是单独的立像。这幅《行道天王图》是难得一睹的群像，虽然画幅不大，但给人的感觉却是场面壮阔，气魄非凡。

四、怒目而叱——金刚

（一）身坚摧外道

敦煌地区自古以来就流行着密迹金刚、火头金刚、青面金刚、马头明王、金刚童子、大轮金刚等“金刚神”信仰。这些金刚神是诸佛、菩萨、罗汉的化身，承担着降伏外道、驱邪灭鬼的职能。

金刚力士，在佛教中叫那罗延，是印度古神中的大力之神，又被称为“夜叉王”。金刚力士具有无比的威力，本来是印度毗纽天的侍从，后来转变为了佛教中勇猛的护法神。由于他手持金刚杵，所以又被称为执金刚神、持金刚、金刚手菩萨、执金刚神等；又因为其身、口、意速疾、隐秘难知，因此又名密迹金刚。他发愿要经常亲近佛，随侍佛的左右，普闻诸佛秘要密迹之事，后来真的成了五百名随从的首领。我们通常可以在寺院殿内的两侧见到金刚力士的塑像，他们头戴宝冠，袒露上半身，手持金刚杵，作愤怒相。

金刚力士画像塑像有着许多相似之处，这类画像大体遵循一套范式：身躯紧张，肌肉凸起；两眼怒睁，眉骨突出，微作俯视。金刚身上虽不乏精美的饰品，但是衣着裸露，目的是为了充分表现隆起的夸张肌肉。画工利用圆劲流畅的用笔，以及富有高光立体感的敷色，将金刚威猛愤怒的形象塑造得毕现无遗。可以说，与宝相庄严的佛祖、温柔慈悲的菩萨相比，佛画中的金刚力士更多表现出的是其强健的肌体、勇武的力量。

英国大英博物馆收藏的两幅《金刚力士像》，发现于敦煌藏经洞，创作于唐代，为绢本设色，绘有两位金刚力士。

一图高 64 厘米，宽 18.5 厘米，是一位罕见的“内敛型”力士。他表情较为沉静，然而无处不在的肌肉又很好地体现出了金刚力士的刚毅雄健。此画不论是用色手法还是颜料的质地，均能体现出敦煌绘画一贯的作风，红、绿、白

敦煌遗画《金刚力士像》

三种主色纯净而热烈，以色调的强烈对比营造出绚烂的感受。绛色的深浅浓淡变化，配合着肌肉的线描用笔，有力地凸显出金刚力士的强健筋骨，极富视觉感染力。该幅金刚力士像出自于幡的主体幡身，幡的两侧流苏绿边呈绿色，一边呈青绿色，底部的幡脚则呈深藏青色，图中可以清晰地看出幡脚与幡身相间隔的菱形格子。

另一图高 79.5 厘米，宽 25.5 厘米，此图的力士是我们传统印象中所熟知的形象，脾气暴躁，性格刚烈，疾恶如仇。他张口振臂，紧握双拳，头光中冒出的烈焰浓烟和身上缠绕的天衣形成狂飙般螺旋上升的动势，使人如闻雷鸣叱咤，如觉地震山摇，具有鲜明的民间艺术特色。金刚的嘴唇、裙带以及右脚所踏的莲花瓣的勾线，皆设之以艳丽夺目的红色，夺人眼目。在其肌肉的突起部分，采用了高光的技法，其表现效果甚至胜出前一幅作品。另外，此画中金刚力士身体扭转、右臂上举握拳，眉目口鼻造型夸张，此类特点属于当时画工描绘金刚力士时比较常见的范式。

两幅金刚像虽然神情一庄一怒、姿态一静一动，然而令人感到更多的是二者的共同特征，即他们都在面容、胸、腿、臂等部位用晕染和凹凸起伏剧烈的轮廓线描相组合，以突出肌肉团块的体量感，从而显示护持佛法者的刚毅雄强。这种极端强调的表现手法，是程式化的，而非忠实地摹写样式。

（二）目叱击邪魔

在很多佛教经典里，都提到过“祇树给孤独园”这个地方，如《佛说阿弥陀经》和《金刚经》开卷便有“如是我闻：一时，佛在舍卫国，祇树给孤独园”的描述。祇树给孤独园，又称祇园精舍，是佛教史上的第二所佛寺。祇园位于古印度憍萨罗国王都舍卫城城南门外五里，内有浮屠十二，讲堂七十二，房屋三千六百，楼阁五百。它始建于释迦牟尼成佛后的第六年，与王舍城的竹林精舍一道，并称为佛教中最早的“两大精舍”。佛世尊在这里居住了约二十五年，宣讲了许多著名的经典，如《金刚经》《楞严经》《阿弥陀经》等。

相传，憍萨弥罗国舍卫城中的须达多长者，是舍卫国的大臣和豪富，乐善好施，因此被称为“给孤独长者”。他在去南方访亲的途中，机缘巧合下得见佛陀庄严的威仪与容貌，深受感动，自愿皈依并发心要在北方建立精舍，供养给佛陀。因此，他回国后四处寻觅合适的场所，最终看上了祇陀太子的花园。太子不愿卖，与给长者开玩笑说，要用黄金铺满地面才肯卖。长者毫不犹豫地将库中黄金全部搬出，果然铺满了地面，祇陀太子深为感动，供养园中树木，二人联手建造了寺院，因此这里也被称为“祇树给孤独园”。

为了能顺利修建供佛使用的精舍，太子和长者祈请佛陀委派一个设计、督导工程的人。佛陀就派了众弟子中“智慧第一”的舍利弗跟随须达多长者前往北方的舍卫城。在建造精舍之前，众人遭遇了以劳度叉为首的当地外道的百般阻挠。外道向国王建议，在造精舍前与佛徒斗法，只有佛徒胜利了才能修建精舍，否则必须离去。

现收藏于法国国家图书馆的《降魔变图卷》，正是详细描绘了佛弟子舍利弗与外道六师斗法的惊心动魄场景。舍利弗六斗外道劳度叉大获全胜，从而赢得了建造祇园精舍的机会。此图为唐代水墨纸本，高 27.5 厘米，宽 571.3 厘米，是一幅极长的绘卷。

敦煌遗画《降魔变图卷》（局部）

《降魔变图卷》又名《舍利弗与六师外道图卷》，全卷正面为彩绘，反面写有相对应的有关唱词片段，画卷共有六个回合，与之相应的配有六幅变相。画面基本按照劳度叉与舍利弗先后六次斗法的故事情节而展开。舍利弗先后变成金刚、狮子、香象、鸟王、天王及风神，与外道六师幻化的宝山、水牛、宝池、毒龙、恶鬼及大树展开了激烈的斗法。因破损毁坏的缘故，画面最右侧舍利弗与诸弟子的画面已失。中间的六人为劳度叉及眷属，最左侧为观看斗法的国王及大臣须达长老及眷属。其余画面部分则是此画最为生动、最为传神的斗法景象。

我们来看图卷中的一个精彩的局部，也是这场斗法的第一个回合——“金刚智杵破邪山”。劳度叉摇身变成一座大山，山上盛开各种野花，结满种种果子，山下泉水清冽，奔涌不息。而舍利弗则变成一位力大无比的金刚力士，正高举金刚杵，奋力砸向劳度叉所化的大山，直捣山腹，不一会便将大山捣塌了一大片。

金刚降魔斗法图，是佛教金刚画中的一个重要类型。由于金刚力大无穷、性格暴躁刚烈，他们往往扮演着佛国中“执法卫道者”的形象，要以武力降伏外道、驱邪灭鬼。在这一类题材的绘画当中，金刚大多上身裸露，下身围有战裙，横眉立目，张口怒叱；手持金刚杵，由上而下作击打状，惩治不法之徒。《降魔变图卷》中舍利弗化身金刚对敌的画面，就是对这一题材的化用。

《降魔变图卷》中这种以惊人的想象、奇妙的构思，描绘出惊心动魄的斗法场景的表现手法，可以说是《西游记》《封神演义》等神魔小说的滥觞。美国学者梅维恒就据此一文图并存的画卷，联系印度与世界各地的说唱文学传统，竟然写出了一本专著《绘画与表演》。作为敦煌文献中唯一的彩绘“降魔变文”，《降魔变图卷》是敦煌变文中最精彩的卷子，亦是当之无愧的“敦煌国宝”。

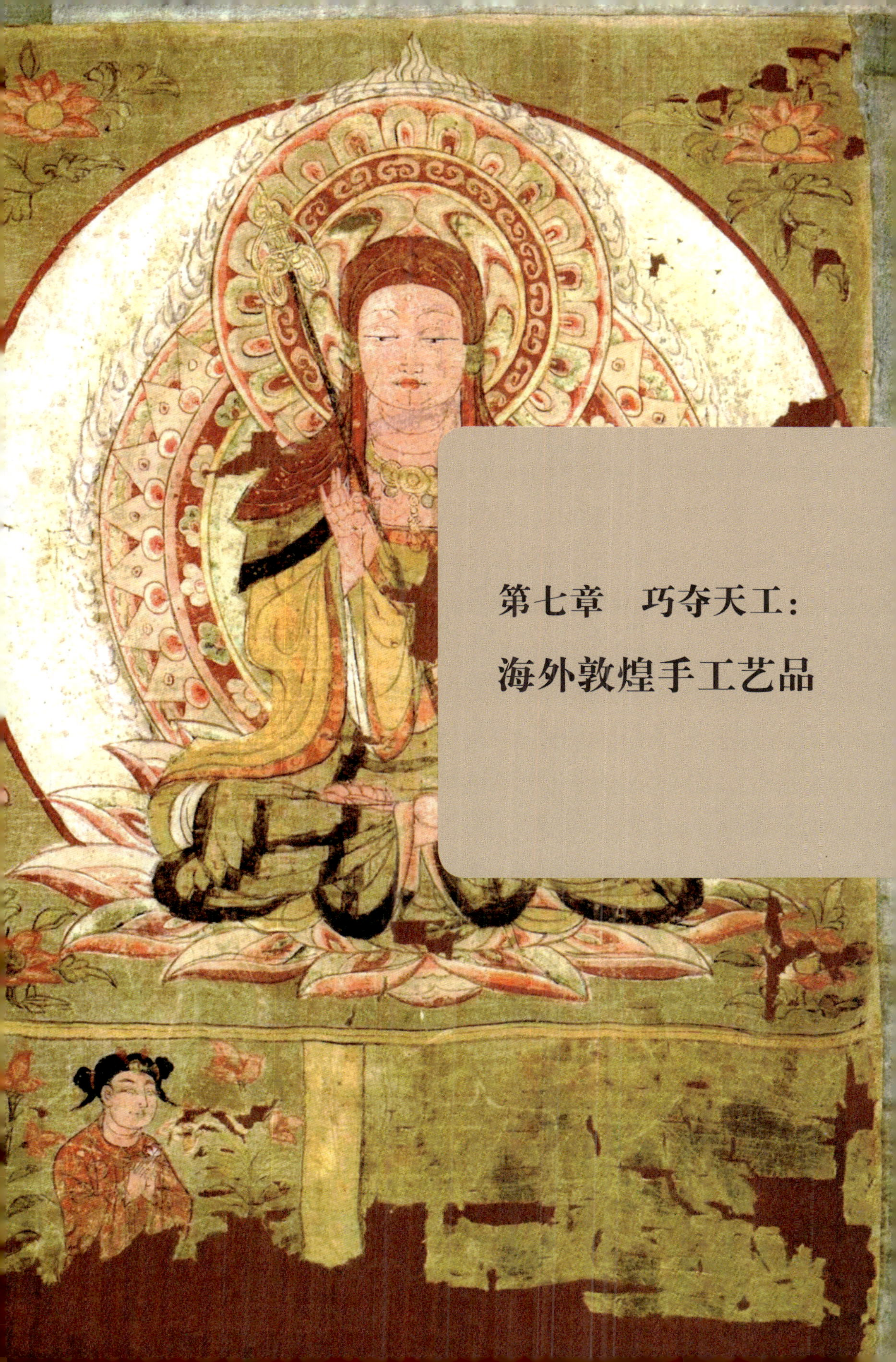

第七章　巧夺天工：海外敦煌手工艺品

目前流于海外的敦煌藏经洞文物，除了4世纪至14世纪初的5万余件珍贵文献之外，还有一部分精致的艺术品，如丝织品、纸画、木雕、木刻版画、剪纸等。它们大多以佛教用品的面貌出现，其作用往往是传播佛教经典、记录佛教故事、表现佛教教义。因此，他们的题材也以佛教中的形象、场景、故事有关。从这个角度来看，敦煌的工艺品不仅体现着古代劳动人民的精湛技艺，也成为敦煌佛教艺术的一个重要组成部分。

一、佛事之旗——幢幡

（一）样式繁多的形制

幢幡，是佛教和道教中所用的一种旌旗，一般垂挂在佛寺或道场之前。其中，“幢”指挑起旌旗所用的竿柱，而“幡”指垂下来的长帛旌旗。

幢幡是藏经洞绘画工艺品中数量最多的，仅是斯坦因记载过的，就约有230件（含残本）。若按材质来分类，其中有179件丝绸幢幡、42件麻布幢幡和9件纸幢幡；若按形制来分类，可分为多足悬板幡和双足燕尾幡两个大类。这些幢幡的尺寸相差较大，高度从几十厘米到两三米不等，以丝、棉、麻等织物制成，并施以画、染缬、刺绣等装饰工艺。

丝绸幡是最为常见的一种幢幡，几乎都是用透明的纱，染的颜色较精细。因此正面勾勒的线条能清晰地透到背面。麻布幡质地较为粗劣，制作也相对简单，保存状态却相对较好。它们没有锁边，布底往往留有裁剪的痕迹。纸制幡数量不多，使用的都是当地生产的纸，比较廉价，一般用来替代昂贵的丝绸幡进行供奉。

一件完整的幢幡，包括幡顶、主体、幡尾三个部分。

幡顶应该有三角形的顶饰以便于悬挂，不少顶饰画着与整体相适应的图案，也有留白或用绣品或纺织品做替代的。顶饰的边，一般为细致精美的织锦条，便于承受整个幢幡的重量。幡顶三角形的底部穿有一根木条，作为整个幢幡横向支撑的“上边缘”。木条两端挂着两条无图案的长带,通常和主体的材质一致，又称“幡手”,就像我们常见的流苏。在风中,它可以自由地摆动,既不影响画面，又可增加幢幡的动感和生气。

幢幡的主体通常为细窄的长方形，上面一般画着单个神祇或者纹饰，也有个别成组、成系列的图案。将幢幡挂起来后，人们可以看到正背两面的画面，正背面的图案大多相同。在主体部分下端,同样有一根木条作为横向支撑用“下边缘”，穿在一条长菱形带子的中间。

在幢幡的下方，挂着长长的“尾巴”，组合起来与主体部分等宽，上面绘有简单的单色植物图案。这些幡尾又称“幡足”，有双足、多足之分。幡足的底端，要绕在一条细竹篾上，然后粘一块扁平的彩绘木板，这样可以将其下垂的部分拉直，起一个“垂坠”的作用。另外，还可以方便将整件幢幡卷起来，就像卷轴画一样，方便运输和收藏。

英国大英博物馆所藏的一件唐代末期幡画《观音菩萨像幡》，就是一件麻布所制的双足燕尾幡。它高 227.2 厘米，宽 19 厘米，其中主体图案部分高 96.5 厘米，宽 19 厘米。从长方形榜题记录的“南无延受（寿）命菩萨”以及在幡头描绘的阿弥陀佛来看，此幡中描绘的是观音菩萨。正如前文提到的那样，绝大部分的麻布幡虽然质地粗劣，却留有更好地保存状态。此幡中的绘画制作比较粗糙，但其基本结构和装饰图案与绢幡毫无二致，上部是原始的三角形幡顶华盖，底部是加了以花草装饰的相连菱形带纹样。另外，此幡还完好无损地保留了绘有花纹的木制镇板。

英国大英博物馆所藏的另一件晚唐至五代幡画《观世音菩萨像幡》，是一件纸本线描的三足悬板幡。它高 98 厘米，宽 11.5 厘米，其中主体图案部分高 38.5 厘米，宽 11.5 厘米。此幡形制十分完整，上为绘有莲花的三角形幡顶，两侧垂有花草纹飘带；主体部分为观世音菩萨的立式正面绘像；下为三条花草纹幡尾，下坠梯形木板。

（二）题材丰富的描画

由于幢幡的形状较为狭长，一般情况下其主体部分描绘的内容以人像为主，比如“智悲行愿”四大菩萨——文殊菩萨、观世音菩萨、普贤菩萨、地藏菩萨，也有极少部分是以花鸟草木为题材的。

敦煌遗画《文殊菩萨像幡》

文殊菩萨以大智慧为本愿，教导我们要有无私念头，把将大众的利益放在第一，自身清净不染。法国吉美博物馆收藏的《文殊菩萨像幡》是一件绢本彩绘幡，高 64.5 厘米，宽 18 厘米。此幡主体部分为文殊菩萨骑狮坐像，线条柔和，色彩典雅，极为柔美。菩萨莲座之下的白狮回首张口，似乎正在威武地吼叫。关于“文殊菩萨骑狮”，最早的图像可以追溯到的东魏时的骑狮文殊画像，而东晋《华严经》卷四中第一次有了文殊狮子座的记述。在这之前，文殊菩萨是不骑狮子的。那为何到了北齐时期，狮子被指定为了文殊菩萨的坐骑呢？原来，在我国早期的佛教造像碑、雕刻和石窟寺壁画当中，人物的佛座下方或两侧常有许多双狮形象，文殊菩萨像也不例外。在佛教本土化的过程中，文

敦煌遗画《杨柳观音像幡》

殊菩萨座下的狮子逐渐变大，最终变成了菩萨的专属台座、坐骑。文殊菩萨处于众菩萨之首，狮子是万兽之王，文殊菩萨骑狮子也同其身份相一致。由此可见，骑狮文殊菩萨的形象是在中国创造发展出来的本土化佛教艺术题材。

观世音菩萨以大悲为本愿，以救苦救难为目的，最为民间所熟知和信仰。观世音菩萨具有平等无私的广大悲愿，当众生遇到困难和苦痛时，至诚称念观世音菩萨就会得到庇护。据传，观世音菩萨能适应众生的要求，对不同的众生，现化不同的身相，说不同的法门。我们常见的有化导饿鬼道的千手观音、化导修罗道的十一面观音等。敦煌幢幡当中，观世音像幢幡的数量极多，具有代表性的是法国吉美博物馆收藏的一件北宋《杨柳观音菩萨像幡》。幡高 184 厘米，宽 60 厘米，为麻布设色。幡中的主尊观音菩萨双足分立于两朵莲台之上，头戴宝冠，顶有化佛。双目微垂、面有淡红色晕染块状。腰部极为纤细，披帛绕臂，在身躯两侧飞舞飘下，佩耳珰、戴项圈、璎珞、珠链，装饰富丽华贵，身后的头光中装饰有如意云纹。观世音菩萨右手上举持杨柳，左手自然垂下提净瓶，已经颇具我们后世所熟知的“杨柳净瓶观音”形象的雏形。

普贤菩萨以十大愿王为本愿，从一者礼敬诸佛到十者普皆回向，都体现菩萨度众生的愿力。一时做善事、利益众生、修行不难，一辈子做善事、利益众生、修行就很难了，普贤菩萨正是教导众生要不畏辛劳，坚持修行。法国吉美博物馆所藏的唐代《普贤菩萨像幡》是一件绢本彩绘幡，高 50.6 厘米，宽 13.4 厘米。它出土于敦煌莫高窟第 17 窟，后来由伯希和劫掠并带往法国。此幡当中，普贤菩萨正面坐于六牙白象背上的莲座之上，头戴三珠火焰宝冠，戴耳饰，身佩项圈及璎珞，饰腕钏，通身华丽气派。双手在胸前结印，身披绿色披帛，白色缯带呈 U 形自然垂下，下着黄色长裙饰绿色花边，整个画面显得极为生动。顶上有华盖、头光和身光。六牙白象足踏四

敦煌遗画《普贤菩萨像幡》

敦煌遗画《地藏菩萨立像幡》

色莲花前行，转头回视，眼神安详。此幡整体设色艳丽，整体颜色对比强烈，为公元8世纪下半叶之作。

地藏菩萨因其“安忍不动，犹如大地，静虑深密，犹如秘藏”而得名。根据佛典的记载，地藏菩萨在过去世中，曾经几度救出自己在地狱受苦的母亲，并在久远劫以来就不断发愿要救度一切罪苦众生，尤其是地狱众生。所以这位菩萨同时以“大孝”和“大愿”的德业被佛教广为弘传。地藏菩萨见证了幽冥大苦，劝众生不造罪恶，脱离苦海轮回之苦，而获得涅槃快乐。英国大英博物馆所藏的《地藏菩萨立像幡》是一件公元9世纪的唐幡。它为绢本设色，高63.7厘米，宽17厘米。幡中所绘的地藏菩萨身着僧衣，佩璎珞项圈及耳珰和手钏，手持净瓶，跣足立于莲花月轮之上。他面相方圆，双耳垂肩，浓眉细目，五官俊秀，神态安详，飘逸洒脱、雍容华贵。年轻俊美的相貌，以柔和的曲线传达出慈悲和哀怜的神情，颇具感官魅力。相传，地藏菩萨受释迦牟尼佛的托付，在释迦寂灭后未来佛弥勒降生前这一段无佛世界里，担当起教化六道众生的重任，其地位相当于“代理佛”。《地藏本愿经》又说，释迦佛召地藏大士，令其永为幽冥教主，使世人有亲者，皆得极本荐亲，共登极乐世界。地藏菩萨受到如此重托，在佛前立下了大誓愿：“为是罪苦六道众生广设方便，尽令解脱，而我自身方成佛道。”（《地藏经·忉利天宫神通品第一》）因此，地藏菩萨又被称为“大愿地藏”。

法国吉美博物馆所藏的一件《持锡杖药师如来立像幡》，是敦煌幢幡中为数不多的以药师佛为题材的画幡。它为彩绘绢本，高 30.5 厘米，宽 15 厘米。此幡保存有较为完整的三角形幡头，正中为一坐佛形象，下有花纹彩绘，颜色丰富艳丽。而在幡的主体画面中，药师佛身披红色袈裟，持钵执锡杖而立。药师佛持钵执锡杖的形象，在敦煌初唐石窟的壁画中就已经可以见到，这也是中国佛教中最早的执持锡杖的佛菩萨形象。盛唐之后，除了药师佛之外，又出现了执锡杖的地藏菩萨，其形象区别在于药师佛为顶有肉髻的佛像，而地藏菩萨为圆顶比丘像。在持物方面，药师佛多持钵，而地藏菩萨多持珠。

英国大英博物馆所藏的《花鸟纹幡》，是敦煌幢幡中极为罕见的单纯绘以花鸟的作品。此幡为绢本，主体部分以银泥进行线描，幡头则有彩绘。幡高 131 厘米，宽 14.2 厘米，其中主体画面高 43.8 厘米，宽 14.2 厘米。可惜的是，画中的银泥已经氧化变色为了黑褐色，但其金属光泽仍保留至今。这件幡缺两侧的幡手，镇板也已经脱落，而幡头和四根幡足都大致完整。画上，两只小鸟正衔着两条花枝向上飞翔。花枝纹样完全写实，具有唐代卷草纹的气韵，流畅而华美；鸟的造型也和同时期长沙窑瓷器上的鸟纹风格接近。幡顶的三角形中，绘有色彩艳丽的西番莲纹样，支撑幡顶的竹棍依然保留着。幡尾部分是用一种极为稀有的纱质织物做成的，绘着连续花草纹。从这幅幡画的题材来看，表现的应该是栖息于西方净土的神鸟。

二、书卷之衣——经帙

（一）竹篾为纬

经帙，即用来包裹经卷的用品。一般称为“帙”“帙皮”“帙子”，因为它就像是书的衣裳，也被称为“书衣”。

经帙的形制有的如囊，但大多如包裹皮。后者又有许多种形态，有的缀有系带，有的无带。有带的帙皮，其带子的数量及部位又存在许多差异。从经帙的质地材料来讲，有纸质、布质、竹质等，比较考究的则由绸、绫、锦等制成。

经帙的产生，与大藏经篇幅剧增，故而采用“合帙”管理有关。南北朝时，我国大藏经的收经数量已达到了三千卷以上；到了唐高宗时，已达五千余卷。这么多的经卷集中在一起，怎么有序管理，又怎么高效查找呢？“合帙”就成了我国古代僧人管理大部头经书的办法之一。所谓合帙，就是指依照经典本身的内容，将每十卷左右的经书分作一个单位，叫作“一帙”。

合帙这一做法究竟产生于何时，现在已经很难调查清楚。在南朝时代沈约的《内典序》当中，已经出现了“经记繁广，条流舛散。一事始末，帙异卷分”的记载，可见在当时就已经流行合帙方法了。我国文化源远流长，博大精深，历代典籍浩如烟海，其中鸿制巨篇不在少数。在公私藏书都十分兴盛的古代，如何高效地管理图书，是藏书家们必须解决的难题。因此我们可以推测，合帙的出现也许并非佛教僧人的首创，而是藏书家在整理传统文献时的一种创造，僧人们只是借此方法来管理大部头的经书而已。

世事流迁，沧海桑田，古代合帙情况究竟如何，帙皮的规格、用法究竟如何，我们今天只能依据有关记述而略知一二。而敦煌藏经洞的重新面世，为我们了解经帙的有关情况提供了大量的第一手资料。通过对敦煌帙皮的研究，我们不仅可以了解古代僧人是怎样管理经书的，而且可以了解当时与藏书业有关的手工制品发展情况。

由我们现在所能见到的敦煌遗书来看，不少典籍中均反映敦煌当时非常流行使用竹制的帙皮。

竹帙

我国人民历来喜爱竹子，中国也是世界上研究、培育和利用竹子最早的国家，传统的竹编工艺有着悠久的发展历史。竹子具有干脆利落、开裂性强、富有弹性和韧性的特点，而且竹丝能编易织、坚固耐用，经过切丝、刮纹、打光、劈细、编织等工序，其制品往往具有极强的实用性。

比较而言，竹帙硬实挺拔，要比其他材料制成的帙子更能起到保护经卷的作用。竹帙的宽度一般与经卷的宽度大致相同，由此我们可以推测，古人使用竹帙的包裹方式应该为：将经卷平放在竹帙之上，然后卷起，用绳子捆扎起来。经卷的轴头露在外部，轴头上有书签，人们可以依据轴头的颜色和书签来辨别其中经卷的内容。另外，帙皮上也有专门的经名签条，人们可以依据经名签上的文字取放经书，进行管理。

敦煌文献中提到，竹帙皮可分两种——细竹帙与粗竹帙。我们可以推测，这里的粗细之分，可以对应到竹编工艺中的细丝工艺和粗丝工艺。细丝工艺以“精细”见长，竹丝所有接头之处都能做到藏而不露，宛如天然生成、浑然一体。一般这种工艺用来编制花瓶、茶具、酒具、文具、画作等。粗丝工艺则主要用于制作生活用具，先将竹子剖削成粗细匀净的篾丝，再进行编结，多用于编制凉席、扇面、箩筐、篮箕等。

我们已知现存的敦煌竹帙共有四件，其中一件存于英国大英博物馆，另外三件存于法国吉美博物馆。

现存于英国大英博物馆的竹帙编号为 MAS.859（Ch.XX006），长方形，长 43.5 厘米，宽 27 厘米，整体呈褐红色。帙表面有粗细相间的九条锦带，带上有各种花纹。全帙由锦带连缀而成，做工细致考究，上下竹条已经缺损。在左上角带有方形织锦签条，上面写有一个“阴”字。

（二）丝绸为经

中国是世界上最早饲养家蚕和缫丝织绸的国家，丝绸可考的历史约有五千年，是一种古老而又神奇的制品。中华民族的祖先不但发明了丝绸，还创造了许多利用丝绸的方法。除了竹制帙皮之外，敦煌所出的帙皮中有许多是以麻或丝绸织物制成的，包括锦、绫、缎等传统丝织物，比较柔软华美。但由于丝绸织物比较脆弱，不易保存，我们如今所能见到的织物帙皮大多是麻制的。这些织物帙皮又可以分为两种形制，一种纯用织物为原料，比较轻薄；另一种用纸作为织物的衬里，有些是中间用纸做夹层、两面为织物的，也有一些是一面用纸做衬里、一面用织物做表层的。

法国吉美博物馆所藏的 MG23082 号帙皮，由单层麻布制成，大体上呈正方形，有些形似我们常见的包裹皮。两角各缀有一根带子，上面有四行墨书：“道、大方广佛华、严经第四帙、旧译。”可见原本其中装有的是大乘佛教重要经典之一《大方广佛华严经》。如果把这块正方形帙皮的四角按照正东、正南、正西、正北的方向摆放，它的两根系带分别缀在正东、正南两角，经名则写在正北角的下方。

法国吉美博物馆所藏的另一件帙皮 MG23083 号，也由单层麻布制成，形制与 MG23082 号完全相同，上面有两行墨书：“姜、摩诃般若第一帙。”可见原本其中装有的是大乘佛教经典《摩诃般若波罗蜜经》。MG23082 号上的“道”、

MG23083号上的“姜”，都是一种“千字文帙号”。用这种帙皮包裹经卷时，要连同轴头一起包裹在内。具体方法应是：把经卷按照正南、正北的方向摆放在帙皮上，然后把正西角翻上，包裹好，再将正东角翻上，包裹好，其系带先虚放着；最后，把正南、正北两个角提起打结，正南角的系带横向环绕，方向与正东角系带相反，两带环绕捆绑打结。这样，原来写在正北方角下的经名就会刚好留在轴头处，放置时不会被其他经帙遮盖。我们可以推测，MG23082号的经名和帙号之所以分写成四行，就是为了让它们全部在轴头的部位显示出来，不至于被遮盖。

英国国家图书馆也藏有一些敦煌藏经洞所出的经帙，如编号为S.10855号的麻布帙皮，长47.6厘米，宽28.1厘米。左上角有“大般涅槃经第二帙”字样，右部有红墨水书写的“FRAGSClass I”。另外，这件麻帙的内部糊有纸衬，四边以麻布折边。帙皮的表面正中缀有长带，带长约86厘米，中间部分订在帙皮的中央，两头可以捆扎物品。从这样的系带位置，我们可以推测它的捆法应是：先把帙皮表面向下、内面向上放好，然后把经卷放在内面，用帙皮包起，再用订在帙皮上的带子环绕捆绑。用这种帙皮包裹经卷，轴头也全部在外面裸露着。

S.11463号也为一件麻布帙皮，长43.7厘米，宽27.5厘米。同样是表面为麻布，内糊纸衬。但与S.10855号不同的是，S.11463号表面四边均用麻布缝制了一条护边，约有3.5厘米宽。另外，S.11463号的表面、内面两面均订有系带，表面的系带约2.5厘米宽，一端尚完整，一端已残。据完整的一端推测，全长应为64厘米。内面的系带宽2至4厘米不等，全长68厘米。我们可以推测它的捆法应是：将帙皮表面向下放好后，把经卷放在摊平的内面，先用内面的系带系好，然后把帙皮裹起，再用表面的系带重系一次，轴头也裸露在外。

S.11464号，长46厘米，宽28厘米，也是一件麻布为面、内糊纸衬的经帙。形制与S.11463号完全相同，但表面的系带已经残缺，只剩订在帙皮上的

麻帙

一小截，内面系带也仅存 41 厘米长的一段。表面有蒋孝琬所写的“番经”“由 1080 年至 1098 择去”字样，数字为苏州码子。可见这块帙皮原来所包裹的是藏文经典，后经蒋孝琬整理过。

S.13880 号麻布经帙，长 19.8 厘米，宽 20.7 厘米。这件麻帙基本上为一正方形，四角缀有系带，带长 8 厘米，宽 2.7 厘米。从这块经帙的大小，我们可以推测它不是包裹卷轴装经卷的，而是包裹书册形经典用的。方法应是：将书册平放在经帙上，再分别将对角的两根系带系起。我们知道，在宋代以后，书册装的书籍都采用了各种形制的函套来进行保护。而这块帙皮，则告诉了我们在函套出现之前，书册装的书籍是用什么方法保护的。

英国大英博物馆同样藏有一些织物制成的经帙，如编号为 MAS.858（Ch. X/ Ⅷ，001）的一件经帙，长 78.6 厘米，宽 30.6 厘米，表面写有一个“开”字。但这件经帙的形制比较特殊，既不是袋形，也不是包裹形，反而与敦煌出土的许多经幡的幡头相似。因此，对于它究竟是不是经帙的问题，仍没有一个定论。如果它确实是一件经帙，很有可能是利用残破经幡的幡头改制的，属于古人的“废物利用”。

三、十指春风——刺绣

（一）栩栩如生的人物

刺绣，又称“丝绣”“针绣”，是中华民族优秀的传统工艺之一。刺绣在古代称“黹”“针黹”，指以绣针引彩线，按设计的花样，在丝绸、布帛上刺缀运针，绣迹构成种种文字纹样或图案。后来因为刺绣多由妇女创作，故又名“女红”。

刺绣起源于人们对装饰自身的需要。黄帝时代，就有彩绘花纹的记载，也就是说那时的原始人类已经懂得用色彩来美化自己了。先人们最开始时是将颜色涂在身上的，称为“彰身”；再进一步把纹饰刺在身上，称为“文身”；后来发展成画在服装上，进而最后成为绣在服装上。

目前传世最早的刺绣为湖南长沙楚墓中出土的战国时期的两件绣品。其针法采用“锁绣”绣成于帛和罗上，绣纹效果形似锁链，也就是像我们所说的“麻花辫”。绣纹装饰性强，富立体感，针脚整齐，配色清雅，线条流畅，将龙游凤舞、猛虎瑞兽的图案，表现得自然生动、活泼有力，充分显示出战国早期刺绣艺术之成就。

刺绣发展到汉代，图案主题多为波状云纹、翱翔凤鸟、奔驰神兽，以及一些带状花纹和几何图案。技法依旧以锁绣为主，将图案填满，构图紧密、针法整齐，线条极为流畅。刺绣所用的底本质材出现了更加华美精致的丝绸锦绢，其上往往绣有“延年益寿大宜子孙”“长乐光明”之类的吉祥文字。

发展到唐代时，刺绣已经趋于成熟。我们如今可以见到的唐代绣品，大多与宗教艺术有着密切的关系，敦煌藏经洞所出的一些绣品就是其中的代表。敦煌发现的绣品，大多是佛寺的供养用具，比如佛像、佛经、幡和幢伞等，以及大量的刺绣残片。它们的图案比较丰富，主要包括佛、菩萨、供养人、花、鸟和动物等。研究发现，这些敦煌绣品的刺绣技法中除了前代流行的锁绣，还包括从中发展出来的劈针绣、平针绣、钉金绣和盘金绣等，其中以平针绣最为常见。

敦煌遗画《释迦牟尼灵鹫山说法图》

如此多种类绣法的出现及应用，正是刺绣发展达到成熟的一个标志。

现存敦煌刺绣艺术品主要是出土于敦煌藏经洞遗画中的少量刺绣佛画，合计约 27 件，目前分别收藏于英国大英博物馆、法国吉美博物馆、俄罗斯艾尔米塔什博物馆等地。由于刺绣绣品不易保存，比较容易破损，现存的藏经洞绣品中有许多都已经只剩破碎的残片，无法观其原貌了。

在敦煌藏经洞之中，有两件刺绣佛像相对而言保存得比较完整。其中一件现藏于英国大英博物馆，名为《释迦牟尼灵鹫山说法图》(MAS.1129)。这是一件初唐刺绣佛像，使用了两层绣底，本色绢背衬以本色麻布以使刺绣牢固，高 241 厘米，宽 159.5 厘米。绣品中心是释迦牟尼的形象，站在斑驳的岩石之前，这些岩石代表的就是灵鹫山。释迦牟尼身披红色袈裟，坦露右肩，赤脚立于莲座之上，莲座两侧各有一白色狮子。他身后有背光和头光装饰，右手笔直指向地面，左手在胸前提起袈裟（这是所有释迦牟尼灵鹫山说法图中共有的一种姿势）。其头部上方是一蓝色华盖，华盖两侧各有一身飞天。释迦牟尼两侧各有一佛弟子和菩萨，均是赤脚立于莲座之上的形象，菩萨基本上完整地保留了下来，但佛弟子除了头部之外，身体的其余部分均已缺失。绣品的右下方跪着四身男供养人，身后是一个站立的男性侍者；左下方跪有四身女供养人，一妇女身旁跪有一男童,身后还立着一个身穿袍服的侍女。供养人题记上绣有“义明供养”“一心供养”等字，但大多已湮灭不可辨认。

《释迦牟尼灵鹫山说法图》是以从北朝时期就十分流行的劈针技法绣成的一件巨型刺绣，技术精湛精湛，极为少见。所谓劈针绣，就是第二针倒回，从第一针的中间穿出，就像把第一针劈成了两半。劈针绣完成后，绣纹会形成辫子的形状，这种绣法在刺绣中常用来填充图案。由于《释迦牟尼灵鹫山说法图》的面积十分巨大，且使用了绢和麻布两层绣底，作品中的大多数针脚较长，达到了 0.8 厘米至 1 厘米。这些针法明显是早期劈针绣的一种拉长变形，显得较为粗疏，但也因此比较适合于大型作品的创作。不得不说，这是一件唐代刺绣全盛时期的佳作，同时，也是唐代刺绣技艺发展过程中的一个重要代表作品。

藏经洞所出的另一件刺绣佛像，是现藏于印度国家博物馆《千佛图》(Ch.00100)。整幅绣品是由二十多块大小不一的刺绣拼接而成的，边缘有破损，保存下来的部分高 81.3 厘米，宽 63.5 厘米。绣品的拼接处十分明显，可以推测出它当时是先进行刺绣，再拼缝到一起的。绣品上面残存有 70 余尊姿势相同的佛像，每个高约 10 厘米，分别身披红色、橙色和褐色的袈裟，结跏趺坐于莲座之上，共有六七个小佛的头部缺失。绣品的右端残存两排供养人，上方是 3 位身着长袍的男供养人及撑着伞的随从；下方则是 4 位女供养人及撑着伞的侍女。这种拼接佛像的做法，与后来千佛袈裟的做法很像，由此推断这件绣品有可能是袈裟的一部分。

（二）包罗万象的图案

除了佛教人物主题外，敦煌发现的刺绣图案还有许多以花、鸟、走兽等植物和动物为主题。尤其是折枝花和缠枝花纹样，在绣品中极为常见，有时所绣的花枝之间还会穿插有蝴蝶、鸟兽等动物的形象。

刺绣所用的图案，与同时期的绘画艺术有着密切的联系。唐代绘画的主题除了佛像人物外，山水花鸟画也逐渐兴盛起来。因此，山水楼阁、花卉草木、禽鸟走兽，也就成了刺绣当中常见的图样。他们往往构图活泼，设色明亮。这些非人物主题的绣品，往往使用细腻的平绣绣法，搭配各种彩线和针法，替代颜料在布帛丝绸上“作画”。这也是唐绣所具有的一种特殊的风格。另外，此时还流行用金线、银线来盘绕图案的轮廓，加强实物的立体感，这是唐代刺绣的一项独特创新。

现收藏于英国大英博物馆的一件“百衲”（MAS.856），长 150.5 厘米，宽 111 厘米，由不同的面料拼缝而成。我国古代的一些僧人为了苦修，破除对穿

敦煌遗珍“百衲”

着的贪求，常常会拾取别人丢弃的旧布片、碎布头，洗涤干净后，缝缀成僧衣。这种用许多方形小块布片拼接而成的衣服，就被称为“衲衣”，也叫功德衣、无畏衣，形似袈裟。后来，有一些父母取“百衲”的“纳百福”之意，如果子女身体不健康，也会去向邻人讨来一些零碎布头制成百衲衣，给孩子讨个彩头。“百衲”也就逐渐成为由小块布片拼接成的布匹的代称。这件敦煌出土的“百衲”四周边缘是蓝地对鸟衔枝纹夹缬绢，中间则由绢、绫、绮、锦、夹缬绢、绢地刺绣品等缝合而成，在制作时按一定的对称规律拼贴。位于中间的是红绢地的刺绣花卉，残损较严重。还有两块保存完好的花卉纹刺绣，两块几乎完全相同，都是在白色绢地上用红、蓝、绿、黄、白等彩色丝线以平针绣出花卉，用深浅不同的色彩表现出花瓣的晕染效果，技艺精湛，十分华美。

佛教用品中的幡画上，也常常会出现与花卉有关的图案，比如莲花纹、缠枝纹等。虽然这些花卉通常是手绘的，但有时也会用刺绣的技法来表现。比如幡头（L：S.590）的幡顶，就是在白色暗花绫地上用褐色、绿色、米色、蓝色和橙红等颜色的丝线绣出了莲花纹样，虽然采用了刺绣手法，但在风格与绘幡面十分相似。

莲花纹，是中国古代的传统纹饰之一，其兴起与佛教的盛行有关，因此主要从南北朝时期后开始流行。莲花“出淤泥而不染”，象征佛与菩萨超脱红尘，四大皆空；莲花“花死根不死”，来年又发生，象征人死魂不灭，不断轮回中。佛教把莲花看成圣洁之花，以莲喻佛，象征菩萨在生死烦恼中出生，而不为生死烦恼所干扰。佛教有莲花、宝伞、双鱼、宝瓶、白螺、如意、宝幢、金轮八种吉祥宝物，释迦牟尼把莲花放在最崇高的位置。佛经中把佛教圣花称为“莲花”，把佛国称为“莲界”，把袈裟称为“莲服”，把和尚的行法手印称为“莲蕖华合掌”，甚至把佛祖释迦牟尼称为“莲花王子”。莲花是百花中唯一能花、果（藕）、种子（莲子）并存的，象征佛“法身、报身、应身”三身同驻。因此，莲花纹也多出现于佛教相关的法器、经幡之上。莲花纹的变化变化十分丰富，可以成独立的纹样，也可以四方连续回环；常出现的形态有缠枝莲、把莲等，也常于动物纹样组合在一起，如莲池水禽、莲池游鱼等。

缠枝纹，也是中国古代的传统纹饰之一，是器物上最常见的吉祥纹样。它在战国时已经有了雏形，汉代以后成熟，明代时又称“转枝纹”。这种纹饰以植物的枝干或蔓藤作为骨架，向上下、左右延伸，形成波线式的二方连续或四方连续，循环往复，变化无穷。常见的形态有缠枝莲、缠枝菊、缠枝牡丹、缠枝葡萄、缠枝石榴、缠枝百合、缠枝宝相花，以及人物鸟兽缠枝纹等。缠枝纹所表现的“缠枝”，常常以常青藤、扶芳藤、紫藤、金银花、爬山虎、凌霄、葡萄等藤蔓植物为原型。这些植物多为吉祥花草，常被世人所赞咏。缠枝纹就是这些藤蔓的形象再现，它委婉多姿，生动优美，富有动感，寓意着生生不息、万代绵长的美好愿望。

四、精雕细琢——木刻

（一）雕镂制品

木雕，就是一种以各种木材、树根为材料进行雕刻的工艺。由于木材重量轻、质地软、易获得，雕刻后很容易表现出或粗糙或光滑的质感，木雕工艺一经产生就获得了迅速的发展，木雕制品也在民间十分流行。

木雕技法分为圆雕、浮雕、镂雕三大类，三类技法也可以并用于一件作品之上。木雕匠人一般会选用质地细密坚韧、不易变形的树种，如楠木、紫檀、樟木、柏木、银杏、沉香、红木、龙眼等。雕镂完成后，有的作品还会涂色施彩，不仅更加美观，还能保护其下的木质。

唐代是中国工艺技术大放光彩的时期，木雕工艺也日趋完美。我们如今所能见到的许多敦煌藏经洞所出的木雕佛像，都为唐代的作品，具有刀法熟练流畅、线条清晰明快、造型凝练美观的特点。

斯坦因和伯希和各自从藏经洞带走了 20 多件木雕制品，多数藏于英国大英博物馆和法国吉美博物馆。在这些木雕制品当中，数量最多的就是与佛教相关的人像，如佛陀、菩萨、天王等。这与当时敦煌地区佛教的盛行息息相关，是宗教文化在艺术创作上的投射。据佛经记载，人间的第一尊佛像即是用旃檀木雕刻而成的，木雕可谓佛教造像中最重要的一种表现方式。中国自古以来就重视木雕传统工艺，木雕佛像伴随着佛教的发展，一直以来为国人所珍视。这些造型各异、工艺精湛的木雕佛像，不仅是佛教文明的文化符号，同时还是盛唐气象的一种具象化的体现。

法国吉美博物馆所藏的佛教木雕中，多数为唐代木雕，佛、菩萨、天王等形象均有涉及。

佛立像，高 31 厘米，宽 12 厘米。佛像的双臂下部已经残缺，双腿下部也已不存。从残存的部分来看，佛祖身着袈裟，面容安宁祥和，双目微闭，似乎

敦煌遗珍　木雕

正在禅定冥想。这件作品最精妙的部分就是其对衣纹的雕刻，婉转流畅，丝毫不见凝滞，轻薄的衣衫紧贴在身上，似乎有绘画中“曹衣带水”之风。

菩萨残像，高 38 厘米，9 厘米。这依旧是一件残像，菩萨的右手臂从大臂以下缺失，左手臂从肩部以下缺失。从残存的部分来看，菩萨戴有高冠，袒露左肩，斜披条帛；腰围束腰裙带，似乎还带有一圈花边；下着长裙，衣纹柔和，看起来颇具垂坠之感。流动的衣纹与身体的结合呼应非常精妙，极具视觉张力。

璎珞菩萨立像，高 116 厘米，宽 29 厘米。这身菩萨像的两条手臂均从肩部以下缺失，比起上一件略微丰满的菩萨残像，此像看起来有一种苗条的美感。从残存的部分来看，菩萨头戴方冠，袒露右肩，颈部装饰有双层珠链，身体部分则装饰有双排璎珞，精致而华美。整尊像的比例十分得当，菩萨看起来十分婀娜，又因珠宝的装饰而明艳动人。

八臂观音菩萨立像，高 85.5 厘米，宽 55 厘米。这件木雕保存较为完整，菩萨的八条手臂俱存，仅有几处手脚处有残损，十分难得。菩萨目视前方，神态慈和，周身有璎珞装饰，一对手臂于身前分别呈托物、结印状，另外三对手臂在身后依次排开。佛教中观音菩萨八臂，各持法器，代表着观音菩萨修行圆满，佛智深广，能引领一切有情众生斩断世俗，脱离轮回，入诸佛境界。祈求八臂观音菩萨，可以远离诸苦，得到现世的功德。

吉美博物馆的敦煌藏经洞木雕藏品中，还有两对天王立像，雕刻细致，神态逼真，是唐代天王木雕中的佳作。

着武士装天王立像一对，高 81 厘米，宽 32.9 厘米。两位天王均身着武士铠甲，其中一位左手略高微张，右手略低紧握，似乎正在持枪向前斜指；另一位左手紧握，右手已缺不能见其姿势，双臂高度大致相同，可能正在以枪拄地侍立。两位天王的表情都为横眉怒目，浓眉微皱，广目略凸，一幅怒视宵小、威严悍勇之态。

天王立姿像一对，高 95 厘米，宽 48.2 厘米。两位天王同样身着武士铠甲，双手呈持有武器之态，其中红色战裙的一位三指微张，似乎正在弹拨琵琶，我们可以猜测他也许就是手持琵琶的东方持国天王。与传统的站姿不同，这两尊天王木雕一略抬左脚，一略抬右脚，整个身体也随之微微扭转，极具动感。

（二）木刻版画

除了栩栩如生的木刻雕像以外，敦煌藏经洞中还发现了另一类与木刻相关的文物——木刻版画。虽然这些文物是以图像形式保存下来的，并不见其雕版，但却可以让我们领略到一千多年前木刻版画技艺的精妙。

木刻版画，是指先在木板上刻出反向图像，再把图像印在纸上的一种工艺，又分为文字版画和图像版画。版画的起源与雕版印刷术的发明是分不开的。雕版印刷术作为我国古代四大发明之一，起源于唐代初年，唐太宗李世民曾经令工匠刻印长孙皇后所撰写的《女则》。可见此时，印刷术已经趋于成熟。当时，历书、字书、启蒙读物和宗教经卷等书籍已经开始流行用雕版印刷技术，为了“图文并茂”，雕印版画也随之而兴。到宋代时，雕版书籍及其插图的印刷工艺已经相当娴熟，在民间甚至流传有用小型木版画印成的纸牌。

在中国版画的发展史上，佛教版画出现最早。究其原因，与佛教受到统治者的大力推崇不无关系。唐代的唐太宗、武则天及唐宪宗均曾极力宣扬佛教，使佛教的影响力遍及全国，佛教版画遂得以大量印制并向民间发散，大大加速了佛教在民间的普及。

在敦煌所发现的木刻版画当中，佛教主题占据了绝对的主体地位。我国历史上第一幅真正意义上的版画——唐代木刻版画《金刚般若波罗蜜经》卷首佛画，正是在敦煌藏经洞中被发现的。

《金刚般若波罗蜜经》，又译《能断金刚般若波罗蜜经》，简称《金刚经》，是大乘佛教的重要经典之一。这件现存于英国大英博物馆的《金刚般若波罗蜜经》，由七张纸粘成一卷，尾有原轴，两端涂黑漆，顶端点朱漆。全长 488 厘米，每张纸长 76.3 厘米，宽 30.5 厘米。卷首为一幅十分细致的佛画《说法图》，下面刻有全部经文，卷尾印有“咸通九年四月十五日王阶为二亲敬造普施”的字样，可知此卷雕印于唐懿宗咸通九年（868）。就是这短短的十数个字，使卷首的《说法图》成了现存的最早有明确纪年的版画，这版《金刚经》也成了现存中国早期印刷品实物中唯一一份留有明确完整刻印年代的印品、迄今所知世界上最早的有明确刊印日期的印刷品、迄今发现的《金刚经》最早刻本。它比被认为是欧洲最早印刷品的德国《圣克利斯道夫像》木版画（1423）早了500多年，被誉为“世界印刷史和版画艺术的冠冕”。这卷印品雕刻精美，刀法纯熟，文字部分浑朴凝重，无疑属于版刻艺术成熟期的作品。

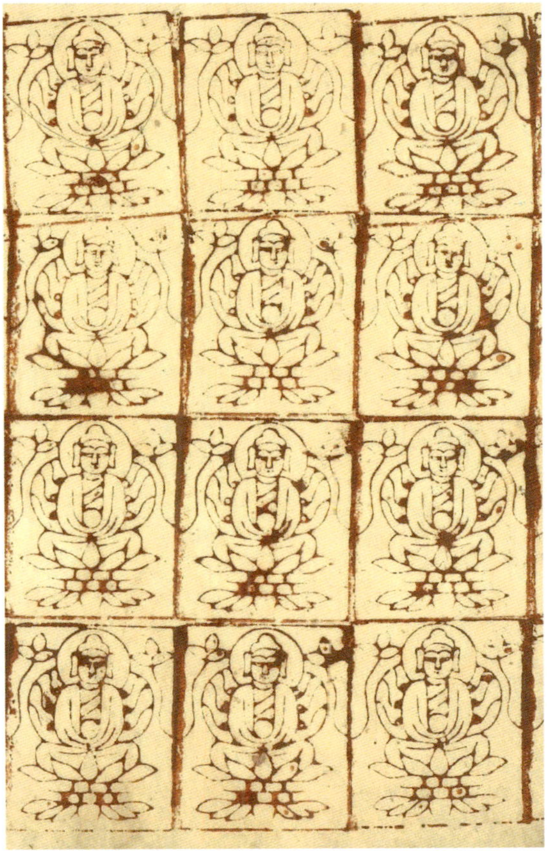
敦煌遗珍《赤色千佛图》

《说法图》的主题，是释迦牟尼在舍卫国的“祇树给孤独园”向四众弟子宣说《金刚经》。画面有单线边框，左上角题“祇树给孤独园”。中央部分为释迦牟尼，佛祖身着通肩袈裟，正结跏趺于莲花座上说法。上有华盖，配以翠叶，左右有护法金刚。地铺方格七叶图案地毯。佛祖前置有一桌，盖布垂地，中铺长条花毡，桌上放着香炉等供养物。桌前一比丘脱鞋胡跪于尼师坛，正双手合十问法，旁作榜书“长老须菩提”。释迦牟尼两侧有四众弟子共十六人，分别为国王、大臣、女众、僧人、菩萨，除僧人身着袈裟外，其余众人均着华装。

诸人合十恭立，肃默听法。上有两天女散花，盘旋于上；下有双狮子听经，躺卧于下。《说法图》的画面构图繁简得当，布局饱满严谨，人物表情生动，线条圆润流畅，纹路粗细有致，墨色清晰均匀，可见匠人刀法的细腻和纯熟。这足以说明，在九世纪中叶，我国的木刻版画技术就已经达到了一个较高的水平。

敦煌木刻版画的另一件珍品是八世纪的木雕版印《赤色千佛图》，现藏于法国国家图书馆。这件由伯希和带走的木刻版画全长 331.5 厘米，宽 27.8 厘米，单张印品长 6.1 厘米，宽 5 厘米。这是一件“捺印图”，为水墨纸本，以红色墨水印刷而成。

第八章　荣光再现：敦煌文物的整理、保护与发展前景

敦煌藏经洞文物的流失，成为中国文化史上的一场浩劫，成为敦煌的一个伤疤。一百多年来，各国学者对这些收藏于世界各地的文物和文献进行了不断的发掘和研究，推动着敦煌学的不断发展。然而，由于客观条件的制约，敦煌文物的分布极其分散，种类繁杂。因此，敦煌文物的整理和保护，注定是一个艰辛的过程，却也是一个必不可少的过程。所幸，随着现代科技的不断进步，敦煌文物的发展也迎来了新的历史进程，数字化手段成为新时代敦煌学中不可忽视的助力。

一、整理之艰

（一）海外敦煌文物的统计工作

从敦煌藏经洞的发现至今，百余年来，敦煌文物通过种种不法途径流失到海外，现藏于公、私博物馆或收藏家手中，令人为之扼腕。

近代以来，我国多位敦煌学者都对海外敦煌文物，尤其是敦煌遗书的数量进行过相关统计。1991 年，在《敦煌西域出土文献的一个综合统计》一文中，郭锋先生提出海外各国收藏的敦煌遗书总数约为 47000 件，中国国内收藏的敦煌遗书总数约为 17000 件，一共约为 60000 多件。然而，李并成先生在《敦煌遗书数量的新统计》一文中认为，截至 1992 年 5 月，世界各地的敦煌遗书总数约为 47700 件。此外，宁可先生在他的著作《敦煌文献与中国历史研究》中，粗略地统计出国内外敦煌遗书大约有 50000 多件。由于敦煌遗书被分散收藏在国内外的不同机构，私人收藏情况又比较难以查清，这对敦煌遗书的统计工作造成了相当大的影响。所以现阶段来说，海外敦煌遗书的总数并不存在定论，而是处在不断变化当中。

统计工作的困难，反映出来的恰恰就是当前海外敦煌研究所面临着的现实困境。

首先，海外敦煌文物被分散收藏，不利于敦煌文物的整体研究。敦煌藏经洞被发现后，由于社会历史条件的制约，洞内大量珍贵的孤本外流。虽然在国内外相关机构和学者的多方努力下，海外文物中有一部分已经以影印、缩微胶卷和影像等方式向世界公开。但由于各国所藏的敦煌文物各不相同，种类繁多，拥有文物的国家之间也存在语言和文化背景等方面的差异，导致了当前学界对于海外敦煌文物的整理缺乏整体和清晰的把握，主要的研究成果仍旧以国别为界。时至今日，敦煌学界仍然没能为世界各地的敦煌文物编订一个统一的目录，这是敦煌研究工作中的巨大遗憾。

其次，海外敦煌文物的种类和内容纷繁复杂。这些文物中既有文献资料，又有绘画、手工制品，不能简单以文本来概括其内容。因此，面对种类如此繁杂的敦煌文物，学者们在为其巨大艺术价值欣喜之余，也要克服繁重的整理和编目工作带来的困难。

再次，敦煌文物中有许多不同语言、不同民族的文字记录，这增加了学术研究的难度。以敦煌遗书为例，其中所出现的语言类型极为丰富。据不完全统计，敦煌遗书由汉文、梵文、于阗文、粟特文和古藏文等多种语言的古文字记载而成，这些不同的古代文字又记载着不同的内容，致使敦煌遗书的研究工作进展缓慢。与此同时，这些文献的形态各异，有卷子、摺本、册叶本和单片纸叶等，给敦煌遗书的整理和研究增添了新的困难。因此，整理和研究敦煌文物，需要由语言学家、考古学家、历史学家、书籍专家等各学科专家共同努力，方能探究其原貌。

最后，敦煌文物亟待保护。敦煌藏经洞被发现之后，多数文物由中、英、法、俄、日等国家的公立机构收藏，少部分流入了私立图书馆或者个体收藏家手中。由于敦煌文物具有巨大的学术和艺术价值，不少商贩为了牟取暴利，不惜铤而走险，伪造文物。一些商贩的伪造水平很高，他们制作的伪文物很有可能会落入私人手中，或进入收藏馆，为海外敦煌文物的收藏和整理带来干扰。此外，对于真文物的保护不当，相当于给文物带来二次的人为损害。因此，如何辨别敦煌文物的真伪，并对敦煌文物进行修复和保护也是一项艰巨的任务。

（二）海外敦煌文物的细致修复

敦煌文物的内容十分丰富，涵盖了文学、语言学、民俗学、史学、地理学和传统的经、史、子、集及大量的宗教文献、绘画艺术、手工制品。但是这些敦煌文物当中，有相当数量的文物存在破损，有些甚至干脆只余残片。为了保护中华民族宝贵的文化遗产，延长文物的“寿命”，敦煌文物的修复工作刻不容缓。

修复敦煌文物，必须要“量身定做”，研究它的时代特性、材料特点，及破损的特殊性，制订出行之有效的修复方案，确保修复的科学性和准确性。

英国大英博物馆对于《释迦牟尼灵鹫山说法图》的修复，就是一个极为专业严谨的过程。

这件于敦煌藏经洞出土的巨幅刺绣《释迦牟尼灵鹫山说法图》（或称《凉州瑞像图》），由斯坦因带出中国，于1919年收入英国大英博物馆，目前藏于馆内的“斯坦因密室”当中。在对它的状况进行重新评估之后，博物馆方面认为他们有必要对其做一些修复。

修复过程复杂而细致。经过分析染料、清洁刺绣表面、替换旧的修复布料、去除原来的缝线、将修复好的刺绣缝合固定在展示板上等工序，这件古老的文物终于焕发了新的生命力。在经历了清扫工作和制作新背衬后，这幅巨大的刺绣作品看起来比以前更加鲜亮，色彩上更接近于原貌。修复师还为刺绣制作了一个支撑，有了支撑，就可以确保这件作品能在世界各地巡展，同时也利于它的垂直储存。

每一个看似简单的步骤当中，背后都要经过复杂的实验和分析。以选取修复时所用的色彩为例，大英博物馆科学研究部的博士后研究员 Diego

《释迦牟尼灵鹫山说法图》的修复现场

Tamburini 在进行采样分析时，分析的样本超过了25件。其中，棕色出现在刺绣的轮廓线上，研究员提取了至少三件样本进行样本分析。结果显示，棕色是一种基于丹宁酸的染料。在两种来源不同的红色中，一种红色来自于佛祖的长袍上，另一种红色的样本来自佛像左手的边缘部分。佛祖长袍上的红来自茜草，很可惜的是另一种红色没有被鉴别出来，这也为我们留下了一个小谜题。粉色虽然无法清楚地从作品的前面看到，但当在紫外线光下照射的时候就能看到了。它是由红色渐变而得到的。最后是紫色，出现在条纹上。它其实是两种着色剂的混合物，一种是中国部分地区常见的紫草，还有一种是苏木，这是一种红色的染料，来源于树心的部分。这两种染料混合在一起,才能得到我们在绣像中所看到的颜色。

而整个分析过程中最耗时的部分，是如何解释这些得出的结果，以及重现过去使用在灵鹫山刺绣上的天然染料，并且重现这些织物原来的颜色。Diego 说:“在8世纪的中国,这些染料有可能会使用一些非常有地域特色的特殊植物。”Diego 还认为，这件刺绣的确存有大面积的褪色情况，例如，现在肉眼看到的似橘似黄的颜色，很有可能实际上是红的。

可以说，大英博物馆对于《释迦牟尼灵鹫山说法图》的修复，严格地遵照了加固、修复出土纺织品的原则。一般情况下，纺织品文物修复的原则是：不改变文物的原状，尽量以修理取代重建。加固时，尽量保持文物的原状，在添加一定的外界物质后使纺织品的总体强度得以增加改善，以便于在收藏、研究、陈列中使用。修复时，在原纺织品文物缺损的部位添加与原纺织品相似的物质，以展示原纺织品的全貌。

从这个修复海外敦煌文物的个案当中，我们所看到的不仅是文物保护工作者的匠心，更是在全球化的今天，人们对于敦煌的那份不分国界的爱。

二、复刻之品

（一）得来不易的复制品

文物复制品，在人们的观念中与“赝品”混为一谈，其实这是一种对于复制品的误解。

为什么我们要对文物进行复制呢？原因是多方面的。第一，在处理一些严重受损的文物时，无法正常修复，而文物又濒临毁坏，价值珍贵，必须通过复制来尽量保存其原貌；第二，有时文物未完成或暂不能完成保护技术处理，为了使观众早日见到文物，博物馆会制作复制品来进行展出；第三，一些博物馆的陈列环境不佳，或者文物极其容易受损，为了保护文物，可以用复制品代替；第四，文物不在展览所在地，博物馆为了充实陈列内容，可以制作复制品取代；第五，私人收藏家将自己的珍藏捐献给博物馆收存时，博物馆可以将复制品回赠原物主，以资纪念，等等。

中国的复制技术，有着悠久的历史和丰富的经验。在中国博物馆藏品中，保存着不少前人的文物复制品，如宋摹晋唐书画，宋仿商、周、秦、汉青铜器等。由于时代久远、工艺精湛，这些复制品已成为历史文化遗物，被博物馆收藏。随着人类社会的发展，文物复制技术也日臻成熟。现在对青铜器、铁器、陶瓷、漆器、纺织物、书法，绘画、文献、牙雕等各类文化遗存的复制，不仅继承了古代各种器物复制的独特工艺，而且与科技手段相结合，发展了传统的复制工艺。

复制品的制作，要遵循一定的原则和标准。

首先，复制品必须忠于藏品原件的原状，应具有真实性，保证复制品的质量。对普通的复制品，要求在造型、规格、纹饰、文字、色彩、质感、风格等方面，均与原件保持一致，使复制品与原件在外观上难辨真伪，这类复制品适用于陈列。

其次，对要求标准高的复制品，除了保持外观一致外，在材料质地、化学成分、物理性能、重量、硬度、音响、手感等方面，也要与原件基本相同。

最后，对于原件残缺，而又需恢复原状的文物，制作其复制品必须有科学依据，不应随意创造。复制工艺过程，必须确保藏品安全无损。复制品应注明标志，避免真伪不分，造成混乱。

制作复制品的过程，也不像我们想象中的那么简单。复制品的制作工艺，有的需模仿藏品制作当时的条件和方法进行，有的则可以按现代制作的工艺和方法进行。

以铜器复制为例，常规的复制方法是：先用模具材料在器物原件上翻制模具，然后用与原件材料相同的材料或其他代用材料进行铸造，制得与原件相同的器型，然后再进行精细的雕錾加工和表面修饰处理，使之与原件的色调风格达到完全一致。模具材料有胶泥、石膏、硅橡胶等。石膏翻模法，操作简便，价格低廉，材料来源充足，应用范围广。对造型复杂、纹饰深凹的器物，石膏模不但不能全部翻出，还会影响复制品的真实性，这就需要用硅橡胶来代替石膏。硅橡胶是新型有机高分子化合物，具有弹性好、热稳定性高、耐臭氧、防紫外光、绝缘、抗水等优良性能，用于翻制模具，其脱模性能良好，既不伤害藏品，也不损坏模具，并能充填器物的细部，可以准确真实地将器物纹饰复制下来。硅橡胶模具还可以反复使用多次。由于硅橡胶的性能优于石膏，现在博物馆已推广使用。铜器复制品的基体材料，可用与原器物合金成分相同的材料，也可用熔点低，便于熔铸的锡、铅、锑合金材料，还可用石膏、环氧树脂等代用材料。就质量而言，以用同体材料最佳，但用石膏或环氧树脂等材料，成本较低，工艺也简便。中国铜器复制技术成就显著。湖北省随县出土战国曾侯乙青铜编钟的复制品，共65件，用青铜5000千克，采用硅橡胶翻模，以与原钟材料成分相同的青铜合金为复制品基体，使复制品达到形似、声似的高水平；西汉透光镜的复制品，可在光照下出现铜镜透光的假象；明代喷水鱼洗的复制品，达到发音清脆悦耳、喷水效应良好的效果。

陶器的复制方法则有两种。一是模拟器物产生时代的生产工艺进行复制，即在坯料组成、釉料成分、原料粒度、坯料制备、成型方法、生产工具、坯烧设备、烧成温度等方面，均与原器物制作时基本一致，使复制品在外形、纹饰、硬度、重量、色泽、音响、手感等方面，达到与原器一致或相近的程度。这种复制方法难度大、成本高、时间长，但质量高，是目前最好的复制方法。山东蛋壳黑陶的复制，即是选用大汶口人和龙山人在当时所用的陶土原料和制陶工艺进行复制的成效显著的例证。另一种复制方法是部分地或全部采用现代工具、设备、烧制工艺来复制。用此法复制的器物，仅在外观上与原器物相似，如唐三彩的复制就是依照出土唐三彩的实物造型，临摹雕塑或翻模成型，经制模、印坯、修胎后再进行烧制，经过素烧和釉烧，最后做表面修饰处理制成的。陶器复制品还可用石膏为基体材料，表面做修饰处理，保持外貌与原器物相似。

丝织品复制是一个极为细致的工作。复制古代丝织品，首先要对当时丝织工艺的丝料结构、染料成分、加工技术、图案设计、织造技巧进行探讨，再运用传统的织丝设备和工艺进行复制。明定陵出土的两件万历丝织龙袍，已碳化破损，复制品即按明代舆服制度设计，龙袍料上用真金线、孔雀尾羽、五彩丝绒装饰纹样，通幅织制。

书画复制，不仅要具备精湛的工艺，也要对历史上的书画文化具备一定的专业知识素养。中国书法、绘画的复制方法有：人工临摹法、珂罗版复制法、木刻水印法、照相复制法。人工临摹法为常用的书画复制方法，要求临摹者忠于原作不得创作发挥。珂罗版复制法，能表达原画的浓淡层次，使复制品保持原画面貌，适宜复制单色或彩色绘画。复制书画的材料纸、绢，要求与原件相近。

（二）假展品、真文化——复制品展览

敦煌文物当中，诸多珍宝流散国外，追回之路漫漫，令无数国人为之叹息。近年来，珍藏在其他国家的敦煌藏经洞文物开始以一种独特的形式“回归故里”，与世人见面。

2018 年 1 月 20 日，“到全世界去找敦煌——流散海外敦煌遗书复制品展”在酒泉市博物馆开幕。展会所展出的复制作品共 164 件，均为敦煌藏经洞流失海外的艺术精品，原作分别收藏于英国、法国、美国、日本等国的博物馆中。所展作品均为原色、原尺寸，最大程度还原了艺术品的原貌。本次所展出的作品当中，不仅有绢本、纸本的绘画作品、书法作品，也有部分珍贵的河西历史文献资料，极具艺术价值、文献价值。

所展作品当中，比较具代表性的有《金刚经》（藏于英国大英博物馆）、《众经别录》（藏于法国国家图书馆）、《四世观音菩萨像》（藏于英国大英博物馆）、《引路菩萨像》（藏于英国大英博物馆）、《沙州都督府图经》（藏于法国国家图书馆）、《地藏菩萨像》（藏于美国弗利尔美术馆）等等。这些敦煌文物复制品的展示，不仅有利于大众近距离欣赏海外流失艺术珍品，也为敦煌画派爱好者学习、研究、临摹敦煌艺术提供了非常难得的机会，是一扇更直观、更深入地了解敦煌文化的“窗户”。

2018 年 9 月 28 日，在第三届“丝绸之路（敦煌）国际文化博览会”上，共 120 件流散海外的精品敦煌文物复制品齐聚亮相，给大众提供了一个零距离触摸海外敦煌珍藏、感受海外敦煌“温度”的机会。展会展出的作品内容选自英国大英博物馆、法国吉美博物馆、法国国家图书馆、美国纽约大都会博物馆

等机构，复制了藏经洞流散的南北朝、隋唐、五代、北宋等历代绢画、纸画、麻布画和经卷等各种文物。

展会所展出的敦煌文物复制品，其复制工作制历时八个月，费尽周折，从数万件流散海外的文物中，最终挑选了200件最精美、保存最完整的文物进行了原比例、原材料的高清复制，细致程度完全可以“以假乱真”。展会负责人介绍道，“把它原大，原样，原色，原材质复制回来，让它以高清图版的方式回到老家来，跟老家的人民见个面，弥补一下我们这一百多年来心灵上的伤痛吧，看看敦煌经卷，我们丢失的国宝，究竟是什么样子。”

现存于英国大英博物馆的敦煌绢画《树下说法图》，是展品中最吸引目光的一件，众多观展者在它面前驻足欣赏。展会负责人对这件展品的“身世”如数家珍，耐心细致地向观展者介绍：“这幅图在很多地方出现，就是你要讲到敦煌的绢画，必定要讲到它。一个是非常完整，有一点点小破损，主要是画面，画面非常的饱满细致，描绘的非常细致，那个线描非常棒的线描，色彩也搭配的非常协调柔和，体现了大唐的画风，也是敦煌佛画里面的经典。”

敦煌遗画《树下说法图》

2018年10月25日，“敦煌流散海外文物复制精品展”在瓜州县草圣故里文化产业园展出。此次展出的作品内容选自英国大英博物馆、法国吉美博物馆、法国国家图书馆等，复制了敦煌藏经洞流失的南北朝、隋唐、五代、北宋等历代绢画、纸画、麻布画、经卷等各类文物135件。

正如瓜州县文物研究学者李宏伟所说的那样，“敦煌宝藏，作为物质文本虽已流散海外，但其中蕴含的佛教真意和人文精神，永远不会被他人掠夺。不堪回首的往昔已然逝去，中华文明千载永续、生生不息，但我们对传统艺术的敬畏之心恒久不变，代代相传。”

如今，海外敦煌文物复制品的展出活动仍在全国范围内巡回开展。虽然展品并不是文物原件，但这种展示，可以让更多的人了解敦煌，了解那段充满血泪的历史，了解中华民族的文明传承。展品虽假，文化却真，永远存在于每一个炎黄子孙的心中。

三、科技之兴

（一）国际敦煌项目（IDP）

在百年的历史当中，我国学者从未放弃对于海外敦煌文物的研究。但由于时间和空间的限制，其过程往往十分艰辛，而成果有限，事倍功半。正如曾任上海古籍出版社社长的魏同贤先生所说，“敦煌学尽管目前已成为一门国际性的显学，可它的诞生和发展却是曲折和缓慢的。……我国学者董康、刘复、胡适、王重民、向达、姜亮夫等先后远涉重洋，奔走伦敦、巴黎，拍照片，抄遗书，编目录，写序跋，为敦煌学的发展做出了卓越的贡献。……最理想的办法是创造条件使有志于此的学者都能阅读原始文献。”

随着科学技术的不断进步，“海内海外敦煌文献不可割裂研究”“敦煌学要在国际视野下展开”的呼声越来越高。“千呼万唤始出来”，终于，国际敦煌项目应运而生。

国际敦煌项目（International Dunhuang Project，简称 IDP），是一个卓有成效的古文献数字化国际合作项目。IDP 成立二十余年来，联合了世界各地的敦煌西域文献收藏机构，共同开展了关于敦煌西域文献的保护、编目和数字化工作，利用统一的平台发布文献信息与图像，便利各个层次的使用者利用文献，广为学界人士称道。

敦煌遗书和丝绸之路其他考古遗址出土的文献，文种众多、内容丰富，具有极为重要的学术价值，堪称中古中国与中亚文献的宝库，也是人类文明的珍贵遗产。对这些文献的研究，衍生出敦煌学、吐鲁番学等世界性的显学，百余年来始终是国际学术界关注的热点领域。然而，由于历史与现实的种种原因，学者们利用敦煌西域文献存在种种不便。

敦煌西域文献散藏于世界各地数十家收藏机构，学者要开展研究工作，不得不长途跋涉，舟车劳顿，花费大量的时间、精力、经费去获取最基本的文献资料。有的收藏单位的藏品至今没有编纂完整的目录，外界无法知晓其藏品的详细信息，研究工作更是无从开展。

现有的敦煌西域文献缩微胶卷往往不够清晰，很多文字难以释读；文献图录则大多只是黑白图版，无法完整呈现某些不可忽视的文书信息，依然不能完全满足学术研究的需要，且价格昂贵，流传不广，利用仍感不便。敦煌西域文献是珍贵的历史文物，大多存在一定程度的破损，有待加强保护。过度频繁使用可能对其造成意外的损伤，保护与利用的矛盾在敦煌西域文献上表现得尤为突出。

20 世纪末，国际学术界日益认识到解决上述问题的紧迫性。同时，数字摄像与扫描技术、数据库技术与网络技术日臻成熟，为解决这些问题提供了机遇。在这样的背景下，IDP 应运而生。IDP 的目标是使敦煌及丝绸之路东段其他考古遗址出土的写本、绘画与艺术品的信息与图像能在互联网上免费获取，它致

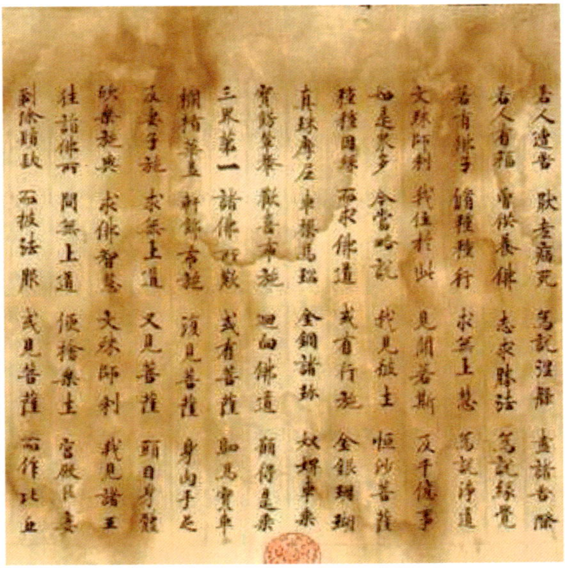

IDP 数据库发布的清晰图像

力于推动文献保护修复与研究的国际合作，向全世界各层次的使用者提供优质的敦煌西域文献图像，以解决困扰学界长达一个世纪之久的资料获取困难问题。

在 1993 年，中国国家图书馆、英国国家图书馆、法国国家图书馆、俄罗斯科学院东方学研究所圣彼得堡分所等收藏机构的专家在英国萨塞克斯举行会议，倡议成立国际合作组织，共同建立网上数据库，使各国学者能充分利用敦煌西域文献，促进藏品的保护与研究。

1994 年，国际敦煌项目成立，其秘书处设在英国图书馆。次年，IDP 交互式网络数据库设计完成并投入使用。1998 年，IDP 英文网站开通，数据库开始对外提供服务。

2001 年，英国国家图书馆和中国国家图书馆签订协议，开始项目合作，建立国家图书馆 IDP 数字化工作室。次年，数据库及网站的中文版发布。目前，工作室有一位摄影师，两位图像处理工程师，年均可上传文献图像 2 万幅。

2004 年，IDP 在俄罗斯科学院东方学研究所圣彼得堡分所建立了 IDP 圣彼得堡中心，同时在日本龙谷大学建立了 IDP 京都中心。2005 年，在德国柏林勃兰登堡科学与人文科学院成立了柏林 IDP 中心。2007 年，敦煌 IDP 中心在敦煌研究院成立。2008 年 11 月，IDP 巴黎中心在法国国家图书馆成立，同时发布法文网站，法国国家图书馆所藏全部敦煌汉、藏文写卷的数字化图像也同时上传到数据库。2010 年，韩国高丽大学也设立了 IDP 中心。

目前，IDP 在全世界设立了八个中心，分别维护英、中、俄、日、德、法、韩七种文字版本的网站与数据库，世界上大部分人口都可以使用自己熟悉的某一文种的 IDP 网站了解丝绸之路历史与文献。如此广泛的覆盖面，在全世界的古籍文献数据库中，是独一无二的。

除了合作研究的工作之外，IDP 还是一个文献保护、文化交流的平台。敦煌西域文献大多存在一定程度的破损，需要采取一定的保护修复措施，以防止其老化或受损。IDP 致力于推动化学家、纸张保护专家、文献修复专家亲密合作，发展保护文献原件的新技术，提升保护方法与修复技艺，为藏品建设良好的保存环境，并尽可能减少原件的使用。IDP 已分别在萨塞克斯（1993）、巴黎（1996）、柏林（1998）、圣彼得堡（1999）、斯德哥尔摩（2002）、北京（2005）和伦敦（2007）举办了七次保存保护研讨会，促成保护修复专家交流经验。其中第六次会议由中国国家图书馆主办，会后出版了中英双语的论文集《融摄与创新：国际敦煌项目第六次会议论文集》。

同时，IDP 也组织开展了一些学术活动。比如 1998 年，IDP 举办了一场以“敦煌伪卷”为主题的研讨会；2006 年 11 月，中国国家图书馆与 IDP 项目联合在北京举办了“西域文献学术座谈会”；2008 年 9 月，中国国家图书馆和英国国家图书馆等机构联合在武汉举办了“1860—1930 年：英国藏中国老照片展”；2012 年 10 月，中国国家图书馆、英国国家图书馆、敦煌研究院共同庆祝 IDP 中文网站发布十周年，联合举办了“敦煌旧影——晚清民国敦煌历史照片展”等等。

百年敦煌学，我们经历了太多的艰辛摸索。如今，科技的发展终于使我们看到了未来敦煌学发展的前景和希望。相信在不久的将来，会有更多类似 IDP 的项目出现，令我们更方便、更全面、更真实地去了解敦煌，研究敦煌，追寻敦煌。希望这一天不会太远。

（二）数字化敦煌

敦煌文物是中国文化遗产中的无价瑰宝，也是重要的历史文化资源，具有极高的研究价值和艺术价值。随着敦煌学研究的兴起和现代化技术的发展，越来越多的敦煌壁画、雕塑、遗书、工艺品等艺术资源被数据化、图像化，兴起了“数字敦煌”等大型的数字化项目。这些数字化技术的运用，不仅可以给人们展现世界各地所收藏的敦煌文物资源，实现对于敦煌文化的历史再现；还能更好地利用有效资源，最大程度上地保护文物不受破坏。

早在20世纪90年代初，敦煌研究院院长、著名学者樊锦诗便提出了“数字敦煌”的概念，用数字化的方法永久地将敦煌文物进行保护利用。2006年4月，敦煌研究院数字中心成立，规模浩大的“数字敦煌”项目也正式步入系统的轨道。

“数字敦煌”是一项敦煌保护的虚拟工程，该工程包括虚拟现实、增强现实和交互现实3个部分，使敦煌瑰宝数字化，打破时间、空间的限制，满足人们游览、欣赏、研究等需求。

中国科学院计算机研究所、武汉大学和浙江大学联手打造了我们今天所见的集文化保护、文化教育、文化旅游于一体的“数字敦煌”项目。国家发改委批复投资2.61亿元，专门用于敦煌莫高窟保

敦煌壁画数字化现场

护利用工程，其中投资最大的项目是“数字敦煌”。武汉大学的李德仁教授，负责虚拟现实的设计策划、组织管理和具体实施，以他为首的课题组运用测绘遥感技术，致力将莫高窟外形、洞内雕塑等一切文化遗迹，以毫米的精度复制下来，并完成数字化的虚拟重现。

“数字敦煌”项目，利用先进的科学技术与文物保护理念，对敦煌石窟和相关文物进行了全面的数字化采集、加工和存储。项目将已经获得和将要获得的图像、视频、三维等多种数据和文献数据汇集起来，构建了一个多元化与智能化相结合的石窟文物数字化资源库，并通过互联网和移动互联网面向全球共享，建立了数字资源的管理系统和保障体系。

目前已经完成的项目部分，主要集中在以数字化手段展现敦煌莫高窟、满足游客观赏需求方面。众所周知，尽管敦煌地区拥有着非常丰富的文化资源，但由于其自然环境较为恶劣，交通和通信条件制约了敦煌艺术的宣传和发展。针对这一现象，我国以数字化技术作为依托，为敦煌艺术创设了独一无二的全新旅游体验。例如，敦煌石窟是整个敦煌艺术中造诣最高、但同时展示难度也最大的项目，蕴含了包括艺术、教育、文化等多元化的内容，具有非常高的艺术欣赏价值。随着对敦煌石窟的开发、开放，不可避免地对其造成了一定程度上的毁坏。数字化技术的应用，不仅可以让这种破坏式的开发展览“刹车”，还可以呈现出别样的展示状态。

当前数字敦煌艺术的展现方式之中，最突出的就是“沉浸式展示”。所谓沉浸式展示，就是将文物的静态美感与科技的动态美感充分结合，利用多媒体技术以及投影技术，以多元化的方式展示出来。据相关部门的统计和汇总，在敦煌已经有超过 110 个洞窟中的文化资源“被数字化”，超过 40 个洞窟完成了三百六十度的“全景还原”。如今，人们可以不接触实物、不踏入实地，而身临其境，深入浏览，获得极佳的观赏体验。这种远程观赏，是我们保护敦煌文物所迈出的一大步。

未来，“数字敦煌”将着力于还原那些至今仍收藏于海外的敦煌文物，把它们“复刻”回家。科技的进步，使我们不再需要远渡重洋、抄录文献，电子数据将文物与我们的距离拉到了无限近。冲破时间、空间的束缚，结合大数据、互联网的力量，这个数字化的时代必将在敦煌学史上绘出浓彩重彩的一笔。

余论

物华天宝：敦煌文物的价值

曾是汉唐雄风吹拂下的边塞小镇，在这里，烈烈西风千年如昔地漫天呼啸；在这里，茫茫戈壁亘古不变地匍匐沉默。苍穹无边，沙海无垠，几度沧海变换了桑田，几度春风移走了秋月。“落日照大旗，马鸣风萧萧”，多少寒光铁衣被沙砾掩埋，胡骑的剽悍，汉军的勇猛，都留在了人们的传说里。

曾是繁华丝路衍生的国际都会，在这里，大漠孤烟拉直了商队的视线；在这里，长河落日画圆了旅客的归思；流沙鸣响，驼铃声声，多少回岁月催老了朱颜，多少回青丝转成了华发。“长风几万里，吹度玉门关”，多少驼铃商幡被风声沉寂，远游的文士，黠慧的商人，都停在了历史的剪影中。

曾是佛祖圣光笼罩的佛教圣地，在这里，宝相庄严的佛龛石窟盛下了三千世界；在这里，流光溢彩的飞天壁画讲述着佛国的圣洁。日月流逝，斗转星移，无数鲜妍的色彩被夏雨剥蚀，无数清晰的画影被冬雪侵害。“万里敦煌道，三春雪未晴”，多少经卷梵音被斜阳暗藏，虔诚的僧侣，无名的画工，都消散在了写卷的扉页处。

敦煌，这座看似不起眼的小城，曾经带给了人们多少的惊叹。虽然，曾经谁也不知道它在历史上是如何的风云际会、光芒四射的。一百年前，云破月出，惊世一现，敦煌藏经洞就这样猝然地出现在了世人的眼前，连同着莫高窟，又重新被世人发现。从莫高窟的洞窟和壁画上，我们欣赏到了衣袂飘飘的婀娜飞天，凝视到了大佛禅悟淡定的微笑，仿佛还聆听到了千年洞窟里佛法的雷音。可是，敦煌城里的故事和佛国世界真正的教义，并不仅仅展现在这些石窟和壁画上，更在那批四处流散、飘落异国的经卷文书里。

一千年有多长？对于历史来说，不过一瞬间。一瞬间，春一去，秋一来，一千年就过去了。可是，一千年，对于人类来说，已经很长很长。一千年，萋萋荒草掩盖了汉家陵阙、唐时宫殿，帝王将相、才子佳人都已作古。一千年，可以消散多少历史的传说和典籍。而敦煌的故事和秘密，也被封存在了历史长河中。直到这批经卷的出现，打破了岁月的隔膜，让曾经辉煌的敦煌城再一次地在人们的臆想中活跃了起来。

人们将这批经卷看作20世纪中国文化史上的四大发现之一，是一点儿也不夸张的。“六万多件古文献，三万件以上的古写本，蕴含着丰富的政治、经济、军事、宗教、民俗、语言、文学、音乐、舞蹈、科技以及中西交通信息，对研究我国中古时期社会全貌是难得的一手资料。”敦煌学专家曾发出这样感叹。这个小小的洞窟里，历史的乐僔来过、法良来过，鸠摩罗什来过，玄奘也来过；近代的斯坦因来过、伯希和来过、鄂登堡来过、华尔纳来过；常书鸿、段文杰、樊锦诗等一大批敦煌学者更是扎根敦煌、呕心沥血，为敦煌的文物保护和研究奉献了毕生的心血。对于21世纪的学者来说，在研究中国过去的历史和文化时，他们常常苦于文献资料的缺失，那些巨大的历史疑问使他们百思不得其解。而这批来自中古世界的文件，就像一把历史大门的钥匙，为他们打开了通往中古世界的大门。

它珍藏了传世的经典书目。《诗经》《尚书》《礼记》《论语》《周易》《孝经》《尔雅》等经世的典籍完美地呈现了儒家经典在中古时的基本面貌，儒家士子的“修身治国平天下”的人生目标都在这些工整的手抄字体中展现了出来。而盘古开天的神话、三皇五帝的传说、功臣名将的传奇、世家大族的盛衰、高风名士的美名都在遗卷的史部里。纵横捭阖的诸子遗风、百家争鸣的热闹局面、“百花齐放”的学术著作、“争奇斗艳”的各家智慧都在子部里显现。曾经散落亡佚的诗歌、曾经不见经传的词集，都在集部中可以找到。

它典藏了各种宗教典籍：大量的佛经写卷、佛教经典以及各种变文故事，曾经都被珍藏在藏经洞中。透过这些佛家的典籍，佛教盛行的情况、佛教发展的水平、信徒虔诚的态度、僧侣博大的智慧，都一一展现在后来者的眼中。拿起写卷，仿佛我们也走进了那个庄严的佛国世界，在心中留下了一片圣洁纯净的天地。从这些写卷中我们可以推测，当时人们对佛教的信仰达到了前所未有的程度，和大唐风采一样大气磅礴。先辈抄写的一部部佛典，正是虔诚的信徒对来世美好的期望。它也典藏有大量的道教典籍，符箓的笔画、道坛的设法、道教的发展、道士的辩才，也都一一可观可点。除此之外，还可以找到景教、祆教、摩尼教等其他宗教的典籍。四通八达的敦煌、尊重自由的敦煌、开放包容的敦煌，随着这些宗教写卷的慢慢展开而逐渐在世人面前清晰明朗。

它保存了各种律法文件：律、令、格、式等各种律法文件为我们展示了一套立法严谨、执法公正的完备法律系统。我们可以看到，在高台衙门之内，官员在展示自己的赫赫威严，百姓在诉说自己的冤屈始末，文书在书写案件裁决的过程。中古社会的立法状况、行政组织状况、公文往来的方式、案件处理的形式都被清楚地记录和书写了下来。

它遗留了大量的世俗文书：寺院的运作方式和经济情况、市场上各种商品的价格、商人游客之间的经济纠纷、市坊里胥的借贷交易、城市妇女的结社交友、家庭生活的琐碎小事、世人之间的往来礼仪等都在世俗文书里保存。通过对世俗文书的大量研究，敦煌人们的世俗生活便在我们眼前变得鲜活起来。索家寡妇的地被人侵占了、张家的婆媳今天又吵架了、女人社下个月有个集会、王氏的女儿已经到了出嫁的年纪、曹家的夫人刚刚礼佛去了、范家的小儿正在背诵

《太公家教》、三界寺外有个小沙弥正在抄写佛经、市场上有个姓康的粟特人被告了、城门外有架失控的马车伤人了……这些世俗文书所展现的敦煌人民柴米油盐酱醋茶的生活世界，对于今天的研究者们来说，是一笔不可多得的学术财富。

它也留下了大量实用典籍：医药、术数、地理方志。医药文献展现了敦煌历史悠久的中药历史以及以膳食养身的民间传统，术数文献展示了敦煌民间在星宿起落间预测天命和在算筹纵横中推演数理的神奇技艺，而地理方志文献则展现了敦煌的奇山秀水和人杰地灵。

它同时也埋藏了大量的绢画、帛画：宝相庄严的佛祖、温柔慈悲的观音、威武肃穆的天王、怒目而叱的金刚都被画匠们一笔一画地刻写在了这些珍贵的绢帛上。凹凸的笔法、晕染的笔法在洁白的画卷上游走。在这里，可以看见中原的衣冠文明与南朝的名士风流，也可以看见异域的开放风尚和盛唐的大气磅礴。在流光溢彩的画卷中，到处都显现着大师的身影。有着“吴带当风”吴道子的笔法，粗细变换的笔墨之间，人物天衣飞扬，满卷风动。以青绿山水画驰名的李思训，他的笔下佛国世界是金碧辉煌的大唐气象。从这些绢画中，我们还可以看到当时敦煌“家家阿弥陀、户户观世音”的信仰盛况。无论是山林间遇盗的商人、还是行刑前将死的犯人，还是波涛中前行的商船，在危难之中都呼叫的是“南无观世音菩萨”。在丝路贸易繁盛的年代，不绝的商旅、行脚的僧徒、都来往于敦煌这个重要的枢纽城市，来自中原、印度、希腊、波斯的艺术和文明，在这里历经了千百年的汇聚和交融，如今这些仅存的绢画和莫高窟里的壁画，就像是一部壮丽无比的佛学巨典，一座风格绚丽多变的艺术宝库，让后来者震撼不已。

除此之外，藏经洞里还珍藏着大量的手工艺品。有形质样式繁多、描画题材丰富的佛幡，有以竹篾为纬、丝绸为经、书卷为衣的经帙，有场景包罗万象、人物栩栩如生的古代刺绣，还有精雕细琢的模板刻画和木质雕塑……这些精美绝伦的艺术品，是中古的能工巧匠的毕生心血，也是他们留给子孙后代的宝贵财富。

今天，无论是藏经洞里种类丰富的写卷，还是藏经洞中精美绝伦的艺术品。对于我们来说，都是一笔无法用价格衡量的宝贵遗产，这批文物对于我们来说是无价的。几十年过去了，我们的先辈们正在用他们毕生的心血去收集和寻找这批流失海外的国宝。“如果不能回归，哪怕是知道他们在哪里也好。”一位学者这样说道。所以，近年来，国家使用大量的人力和物力去寻访这些遗失国宝的下落，我国的学者也与其他国家的汉学家进行了多方面的合作，编纂了一大批遗失海外的敦煌遗书的目录。同时，也解开了许多历史遗留的密码。今天，中国的敦煌学正在蓬勃发展，中国的学者更在想方设法地探索藏经洞文物留下的历史和文化信息。这批遗留的珍宝，帮助我们探寻了很多历史未知的领域，也帮助我们发现了中国古代灿烂光辉的文明密码。

纸承千载，敦煌遗书对于我们来说，不仅仅是一堆泛黄的残纸故卷，更是一个奇妙的时空隧道，置身其中，千余年前人们的生活、信仰、娱乐、扑面而来，恍若隔世。那时候的人们，有着诚挚的生活信仰，有着沸腾的生活热情，也有着超凡的手艺技巧。藏经洞遗留的文书，成了我们怀念那个时代的真实符号，也成了我们触摸那个时代脉搏的真实凭借，更是我们继续发扬那个时代文明的导向标。

多年以来，我总是做着同一个梦，大漠深处，一个女子向我缓缓走来，她像是一个千年前的舞者，时空中的精灵，从大漠深处的石窟里，从千秋寂寞的壁画中，坠入尘世，悠然起舞，如花绽放，盛开在寂静的沙漠里，带我渐渐穿越时间的沙砾，靠近那个悠远的舞梦，推开那扇厚重的历史大门，走进那个千年以前的敦煌……